山西省科学技术馆　编

科技馆里学科学

科学课程　上册

中国科学技术大学出版社

内 容 简 介

本书全面展示了山西省科学技术馆开展的科学课程活动，是一本服务于中小学科学课教师及科普工作者的参考书。书中展示的课程均为科技馆已经开过的具有明确主题且适合标准一节课时的馆校结合课程，包括围绕展项开展的深度讲解课程，通过辅助实验揭秘身边事物的探究课程，以辅导员讲解、学生参与为主要方式的互动体验课程等，帮助学生进一步理解、掌握科学原理，从而实现研究性学习和实践体验相结合的探究式教育。

本书适合中小学科学课教师及科普工作者参考使用，也可供感兴趣的读者阅读。

图书在版编目(CIP)数据

科技馆里学科学. 科学课程/山西省科学技术馆编. —合肥：中国科学技术大学出版社，2022.11

ISBN 978-7-312-05528-7

Ⅰ. 科… Ⅱ. 山… Ⅲ. 科学知识—中小学—教学参考资料 Ⅳ. G633.73

中国版本图书馆 CIP 数据核字(2022)第 179736 号

科技馆里学科学：科学课程

KEJIGUAN LI XUE KEXUE：KEXUE KECHENG

出版 中国科学技术大学出版社
安徽省合肥市金寨路 96 号，230026
http://press.ustc.edu.cn
https://zgkxjsdxcbs.tmall.com

印刷 安徽国文彩印有限公司

发行 中国科学技术大学出版社

开本 787 mm×1092 mm 1/16

印张 26.75

字数 598 千

版次 2022 年 11 月第 1 版

印次 2022 年 11 月第 1 次印刷

定价 188.00 元(全二册)

编　委　会

序　言

山西省科学技术馆作为弘扬科学精神、传播科学思想、普及科学知识的科普主阵地，秉持“启发式、探究式、开放式”的教学理念，依托场馆资源，深度研发和实施科学课程，从激发兴趣和学习参与两个方面提升科普效果、打造精品课程、树立科普品牌。

多年来，山西省科学技术馆一直非常重视科学课程资源的开发，共开发科学课程200余个，课程以游戏、角色扮演、竞赛、动手制作等形式开展，让学生在参与、互动、探究、体验中增长知识、学习技能、掌握方法，受到学校、家长、学生的喜欢和好评！科技馆在做好馆内精品课程的基础上，根据学校需求，通过“科技馆进校园”送“课”上门，其形式的创新性、内容的系统性、选择的灵活性和受众的精准性得到了社会的广泛认可，并多次在行业比赛中获得最高奖。

习近平总书记指出：“科技创新、科学普及是实现创新发展的两翼，要把科学普及放在与科技创新同等重要的位置。”同时指出：“好奇心是人的天性，对科学兴趣的引导和培养要从娃娃抓起。”山西省科学技术馆承前启后、继往开来，不断创新，全心全意为提高公众科学素养服务，满足公众特别是青少年对科学知识多样化、全方位的需求。应同行和观众的要求，我们整理了112个精品科学课程，编成本书献给读者。

本书部分图片为活动照片，因时间仓促未能与参与者一一取得联系，如有异议，请与山西省科学技术馆杨老师（3100707184@qq.com）联系。由于作者水平有限，书中难免有不妥之处，敬请指正。

目　　录

上　册

4 揭秘声光电磁

下　册

5 美丽的化学

6 生命科学

7 亲近自然

8 仰望苍穹

1 数学之趣

分形知多少

（王宏宇）

一、教学内容

通过视频和展品，帮助学生了解分形的概念，引导学生查阅资料、观察寻找总结出分形的特点，通过实践探索进一步了解分形，体会大自然的魅力。

二、教具

拍立得相机，学习单，蕨类植物标本，花椰菜，彩色卡纸，乐高杆及连接器，剪刀，A4纸，画笔，地图模型等。

三、教学目标

1. 知识与技能

通过观察归纳，理解“分形具有自相似性”的概念；通过剪纸实验，了解分形的产生规则；通过测量地图模型边境线，初步了解“无穷”的概念。

2. 过程与方法

在实践中培养观察、分析、找到规律并验证规律的能力；提升在科学探究过程中主动参与、积极观察与交流的能力，增强团队协作能力。

3. 情感、态度与价值观

不畏困难，理解看似复杂的图形其实可以有非常简单的产生规则，复杂世界也常常可用简单规律来解释。

四、学情分析

教学对象:七至九年级学生。

认知特点:这个阶段的学生学习兴趣更为广泛,但是科学兴趣还需要激发和进一步引导,从而让他们从“感兴趣”发展到“爱思考”。在空间知觉上,他们具备较好的抽象性思维,能比较熟练地掌握三维的空间关系,所以即便分形几何不同于传统几何,学生也能较好把握。

五、教学过程

第一阶段:情境导入,认识分形

基于视频和展品,引出分形的概念,引发学生兴趣。

第二阶段:到大自然中寻找分形

到大自然中观察寻找具有分形特征的植物。

第三阶段:资料检索,找出分形特点

引导学生去图书馆查阅书籍、照片等资料,让学生找出分形的特点。

第四阶段:“做中学”,探究分形特点

(1) 让学生通过观察花椰菜探究分形的自相似性。

(2) 让学生通过剪纸验证分形的自相似性、探究分形的递归特征,引出分形的无穷细节。

(3) 通过用不同规格的量具测量公园人工湖的边界线,探究分形的无穷细节。

第五阶段:讨论验证

介绍分形在生活和艺术创作中的应用;让大家一起讨论寻找的实物是否具备分形的特点。

六、授课照片

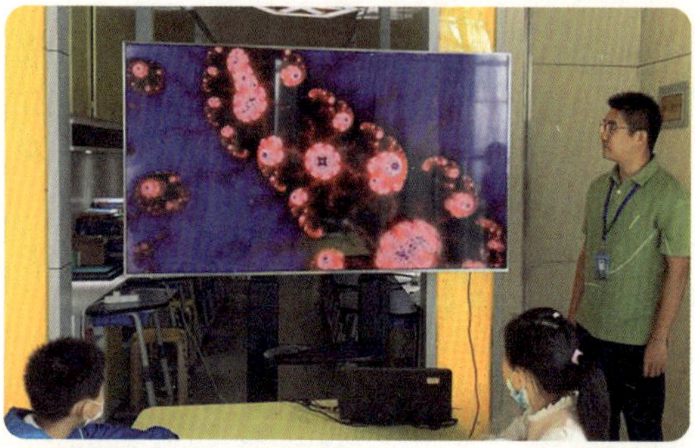

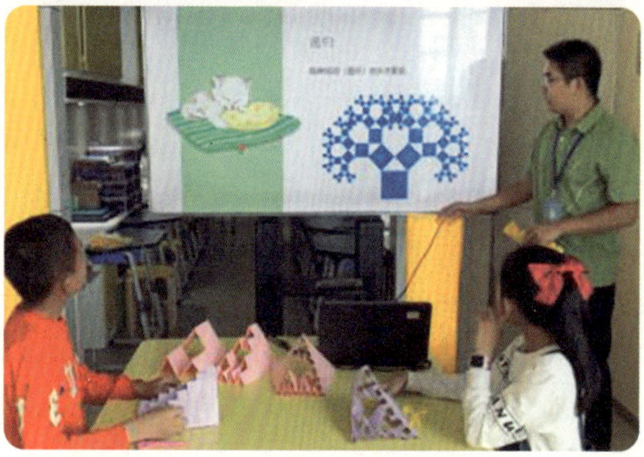

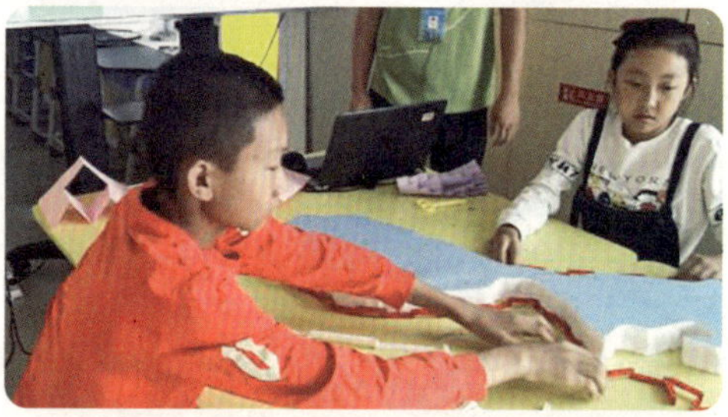

七、评估与反思

通过课后与学生的交流访谈，发现学生普遍对“分形”这个近五十年发展起来的新学科有着浓厚的兴趣，有学生说“仿佛打开了数学和科学双重世界的新大门”。此次教学过程让学生对分形有了较为全面的了解和掌握，也让学生明白大自然用无形的“手”调控着事物发展的路径，自然法则塑造了千姿百态的物种，人与自然要和谐相处。

夸张的指数增长

（张梦芳）

一、教学内容

根据初中课标中对七、八年级学生数与代数知识的学习目标，组织学生通过观察、实验、对比等多种探究手段，结合多媒体等多种教学方式了解并掌握指数增长的科学意义及实际表现，以数形结合的方式直观了解指数增长的优势与危害。

二、教具

卡纸，普通 A4 纸，报纸，纸巾，黄豆，3 个不同容量的容器等。

三、教学目标

1. 知识与技能

了解数量的一种增长方式——指数增长。

2. 过程与方法

通过场馆展项引入指数增长，用数形结合、实验对比等方式直观了解指数爆炸式增长及指数增长引发的利与弊。

3. 情感、态度与价值观

认识到指数增长在数学及生活中的应用，理解数学曲线对经济、生活以及防疫工作的重要性；培养乐于观察、实验、探究科学现象的思维方式。

四、学情分析

教学对象：七、八年级学生。

认知特点：这个阶段的学生已经基本掌握指数、底数、幂运算，通过展项引入指数爆炸的概念，可以用数形结合的方法直观地让学生认识到指数增长的惊人威力。

五、教学过程

第一阶段：展项初体验

通过观看展项《数列华尔兹》，了解简单的两组数字可以造就 459497298635722161 种可能性。

第二阶段：数形结合，实验对比，直观感受指数增长

通过折纸对比和投放黄豆，用数形结合的思维方式让学生直观感受指数爆炸式增长。

第三阶段：回归展项，绘制指数增长曲线图

了解指数增长初期十分缓慢，到一定程度后会爆炸性增长，成倍增长。

第四阶段：指数增长的实际应用

通过展项及视频资料，了解指数增长在科技、经济、生物等领域的应用，认识到疫情防控的重要性。

六、授课照片

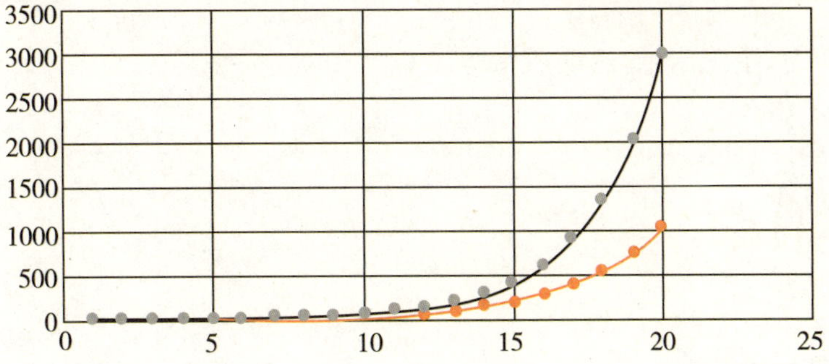

七、评估与反思

课程完成度较高，大部分学生都可以掌握所学知识，达到教学目标。站在学生的角度，可以更鲜活明了地理解指数增长的应用及其优势或危害。

003

认识正多面体

（刘书伟）

一、教学内容

通过生活中的魔方引入正多面体的概念，让学生思考什么样的几何体可以被称为正多面体，正多边形有哪些特点，由正多边形构成的正多面体有哪些特点。通过欧拉定理来证明正多面体有且仅有5种。最后介绍正多面体在生活中的应用，通过动手制作5种正多面体来验证。

二、教具

魔方，剪刀，手工卡纸，透明胶带等。

三、教学目标

1. 知识与技能

了解什么叫作正多边形及正多面体，知悉正多面体的特点；通过欧拉定理探究正多面体的种数，并对正多面体的种数进行验证；动手做5种正多面体。

2. 过程与方法

通过教师展示魔方，让学生思考其中的奥秘，从而引导其开始正多面体的学习；探究正多边形的特点；探究正多面体的特点，并用欧拉定理验证正多面体的种数；小组合作，制作出5种正多面体。

3. 情感、态度与价值观

在了解正多边形和正多面体的过程中，启发学生对几何体的思考；在探索正多面体的种数时，培养辩证思维的能力；在制作正多面体的过程中，培养动手操作能力。

四、学情分析

教学对象：七至九年级学生。

认知特点：初中生对于几何体有了自己的认识，从常见的魔方和正多边形引入，可以引导他们说出自己知道的正多面体。同时，他们可以通过小组合作来动手制作正多面体。但是，验证过程对于他们来说有一定难度。

五、教学过程

第一阶段：课程导入

通过直观展示魔方，激发学生的学习兴趣。教师提问："大家是否观察过魔方？"用魔方来引入正多面体，让学生讨论并回答教师提问。

第二阶段：实验探究

组织学习活动，让学生了解不同的正多边形的特点及其内角度数，引导学生学会用逆向思维思考问题。教师提问："利用正多边形分别可以拼出几个端点？""五种能够拼出顶点的情况分别对应几种正多面体？"简单介绍欧拉定理，并将正方体的棱长、顶点数和面数代入进行验证。认识生活中的一些正多面体。

第三阶段：实验制作

设计草图，制作5种正多面体。

第四阶段：作品展示

展示自己制作的正多面体，总结制作过程中产生的问题并讨论交流如何解决。

六、授课照片

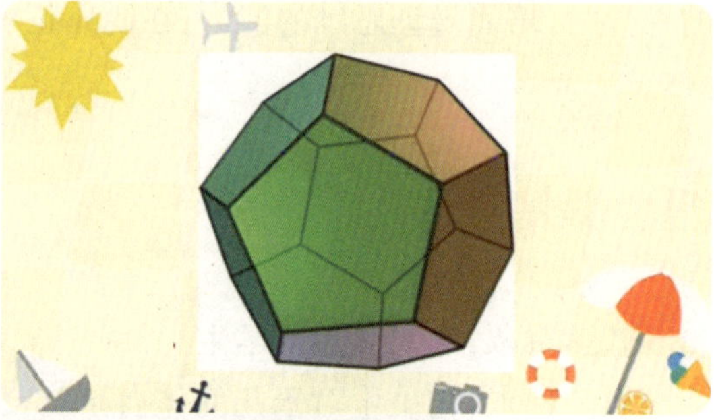

七、评估与反思

在课程设计之初运用了探究式学习的方法来进行教学。在上课的过程中，还欠缺情境式学习的方法。需要思考如何把情境式学习理论知识建构在特定目标的应用情境中，如何把个体的学习、发展与实践再密切联系。

狡猾的病毒

（吴翔）

一、教学内容

本课程的核心内容是用数学、生物的交叉学科知识以及相关的科学方法去探究一个问题——为什么很多病毒是正二十面体对称结构？通过展项观察、游戏体验以及转换、对比、假设、控制变量等科学方法了解某些病毒的形状特性。

二、教具

彩泥，牛皮纸，尺子，水，量杯，剪刀，透明胶带，鸡蛋，塑料棒，正多面体几何教具等。

三、教学目标

1. 知识与技能

了解病毒的组成和结构；认识正多面体；理解表面积和体积的概念；体验“拱形结构的抗压性”，从而进一步理解正二十面体病毒衣壳“结构坚固”“内部容积最大”的特征。

2. 过程与方法

掌握信息检索、观察、转换、对比、假设、控制变量等科学方法。

3. 情感、态度与价值观

激发好奇心和钻研精神；培养利用科学方法验证观点的科学态度；尊重实证；通过

探究一些病毒的微观几何结构特征，从科学的角度了解这些病毒形状形成的原因，理解大自然生物形态与功能的关联性。

四、学情分析

教学对象：五、六年级学生。

认知特点：这个阶段的学生处于从具体运算阶段到形式运算阶段的过渡时期，具备一定离开具体事物进行逻辑推演和归纳的思维能力。通过教科版小学六年级《科学》上册“微小世界”的相关内容，学生对病毒有了一定了解，对一些几何形状的特点和简单的体积测量方法有了一定认知。但学生的经验大多来源于课本，是比较零散的间接经验，学科与学科之间较难建立起联系，处于脱节状态。本次活动以当前热点话题“新型冠状病毒”为切入点，在此基础上进行学科之间的搭建和延伸，去探究世界上最简单的生物——病毒的形状特点。

五、教学过程

第一阶段：情境导入

通过“新冠”话病毒，用橡皮泥捏“病毒”，找准学生对病毒结构的初步认知。

第二阶段：描述、观察、体验

(1) 通过看图识“毒”，初步描述某些病毒的共同形状特征。

(2) 观察、体验展项，进一步找准规律，认识正多面体的结构特点；对比展项，确认病毒的形状，再从生物学的角度了解病毒组成。

第三阶段：猜想

探讨交流，引发认知冲突，制造悬念，教师与学生共同探讨一个问题：我们了解到，自然界最简单的生物体就是病毒，很多病毒是正多面体的结构，而且还是五种正多面体中的正二十面体，你们认为这纯属巧合，还是有一定的科学原理呢？

第四阶段：探究、求证

首先探究“为什么很多病毒都是正多面体”：通过剪纸游戏来体会正多面体的形状

统一性的优势；再进一步探究“为什么是有且仅有的五种正多面体中的正二十面体”：通过控制变量法，进行相同面积的正多面体体积的测算，得到“表面积相同的正多面体，二十面体的空间容积最大”的结论；最后探究正二十面体会不会更稳定。

将验证结果迁移到“病毒的生物形态与功能”，这些病毒采用这样的形状，更有利于承载更多的东西并且节约核酸的蛋白质编码。最后通过文献《医学微生物学》（第 2 版）（吕厚东、于爱莲主编，江苏凤凰科学技术出版社，2017 年）验证探究结论是否正确。

教学分析：引导学生观察和分析现象、建立事物之间的联系、概括规律，通过对很多病毒的观察，引起学生的认知冲突：不同的病毒为什么会有一部分共同点？这仅仅是巧合吗？引导学生测验预言和假设，并在学习过程中不断形成新的预言和假设。

六、授课照片

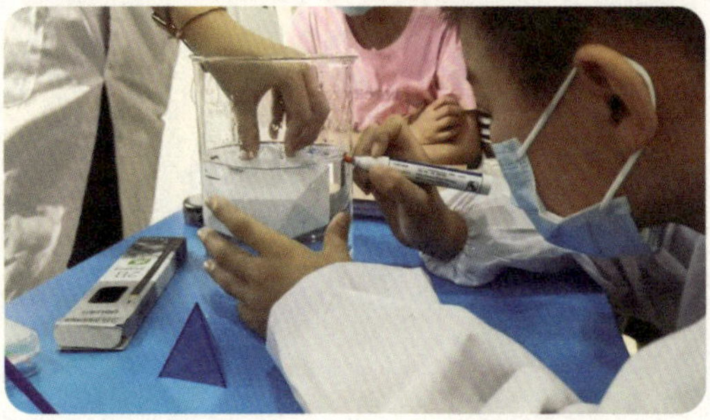

七、评估与反思

通过科学方法来解决问题，旨在通过课程了解相关知识的同时，潜移默化地掌握一些诸如类比、假设、论证、转换等科学方法，能够解决生活中的其他问题。

通过数学的“几何与计算”、生物的“物质组成与功能”、物理的“拱形结构稳定性”和

“阿基米德排水法”，共同探究解决一个问题，将学科之间建立联系，体现学科之间互相融合支撑的重要性。

与学校的授课形式相比，本课程更加注重学生的主动参与过程。不需要教师通过黑板讲授，而是引导学生提出猜想，并且通过剪纸、测量、实验等环节亲自参与体验。以课标为核心，在课标基础上展开深入的探究，使学生在已有认知的基础上，学会用实验证明猜想，将看似复杂的问题回归到平时的学科中，培养学生的创新能力，培养通过实验求真理的科学态度，树立解决问题、探究钻研的科学精神。

情有独“钟”之我的水钟

（常佳）

一、教学内容

感知时间，了解古今计时工具的发展及原理；通过滴漏实验，自制水钟；谈谈如何管理时间。

二、教具

铅笔，塑料瓶，打孔器，水，烧杯，实验单，电子秒表，水钟材料包等。

三、教学目标

1. 知识与技能

掌握“任何周期性运动的事物都可以作为测量时间的标准”这一概念；在一定的装置里，水能保持以稳定的速度往下流，人类根据这一特点制作水钟用来计时；通过控制滴漏的速度从而使水钟计时更加准确。

2. 过程与方法

走近展项，感知时间，了解古今计时工具的发展及原理；测量一定水量漏出所需的时间，由此推测其他水量漏出所需的时间，利用实验验证猜测是否正确；设计制作水钟，经历“思考方案—制订计划—实施方案—检验成果—寻找原因—改进实验”的探究过程；分享制作计时工具的启示。

3. 情感、态度与价值观

(1) 认识到事物是运动变化的，事物的运动变化是有一定规律的；体验到完成一个科学制作需要不断重复实验，在实验中逐步完善；对自然现象感到好奇，乐于参与观察、实验、制作等科学实践活动。

(2) 学生在认识人类研究和发展计时工具的伟大历程中，感受人类在计时技术上坚持不懈地追求进步；通过对计时工具发展的学习，初步认识科学技术对人类生活的影响。

(3) 养成珍惜时间的好习惯，热爱生活，学会时间管理，切勿浪费时间。

四、学情分析

教学对象：七、八年级学生。

认知特点：测量时间是七年级所学的内容，非常贴近生活，是学生熟悉的知识。活动设计是学校科学课程的拓展延伸。通过展品体验，了解计时工具发展史，把制作计时工具作为任务，在设计和动手制作环节帮助学生将“间接经验”转化为“直接经验”。七年级的学生形象思维较强，抽象思维弱，因此教学可以在学生已有生活经验的基础上展开，多补充一些课外知识增强教学趣味性，提升学生对有关时间测量的科学原理学习的兴趣。

五、教学过程

第一阶段：情境导入

走近展项，感知时间，了解古今计时工具的发展及原理。

第二阶段：实验探究

运用画图和文字描述的方法制订实验方案，经历自制水钟的探究活动过程，并加以修改。

第三阶段：交流讨论

让学生认识到科技进步对生活的影响，珍惜时间，学会管理时间。

六、授课照片

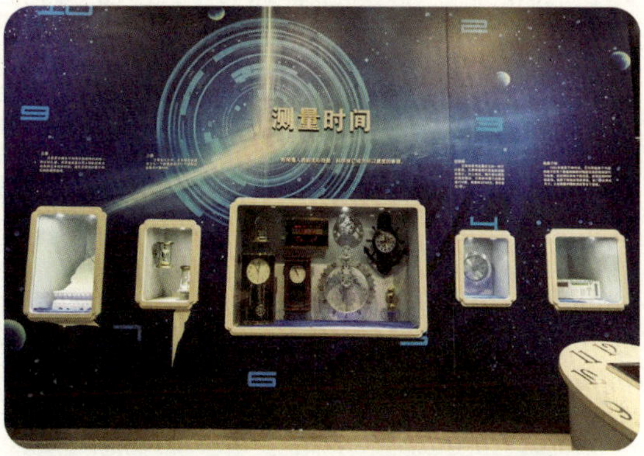

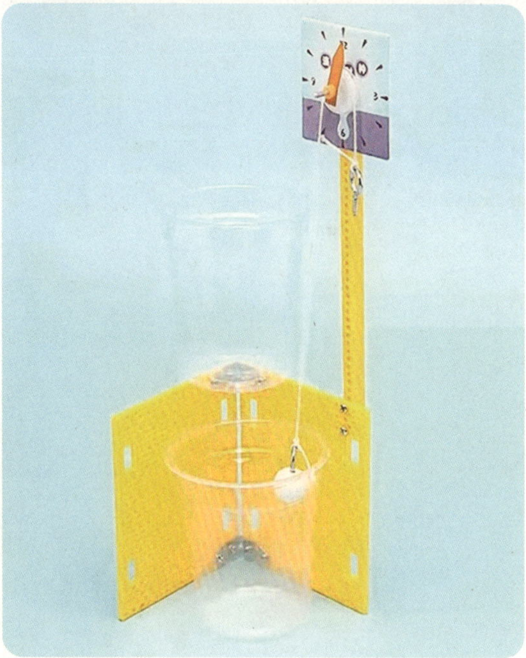

七、评估与反思

以往的科技馆教育活动项目重视科学概念和原理的教学，对“技术”教育内容比较忽视，本节课既有科学思想，又有技术含量。以制作水钟为探究活动，从科学思想来说，它是前人发明计时工具的具体鲜活的例子，是典型的科学发现和科学创造过程。同时，自制水钟有一定的技术含量，如何克服流水先快后慢的问题、如何选择合适的孔径以控制水滴的速度、如何标注刻度等，都需要在设计和制作中不断探索。

从了解钟表发展历史，再到亲身体验制作过程，学生与日晷、沙漏、水钟等古代计时器近距离对话，透过展项橱一览机械钟的艺术之美，体会钟表蕴含的匠心精神，学习关于钟表的科学知识，感受科学技术的发展是一代又一代人不倦探索的结果，更是文明的不断传承。

神奇的莫比乌斯带

（杨宏熔）

一、教学内容

莫比乌斯带属于拓扑学内容，它是德国数学家莫比乌斯在1858年研究“四色定理”时偶然发现的。把一张纸条旋转180°后两头粘起来，便具有魔术般的性质。普通纸条具有两个面，一个正面，一个反面，而这样的纸条只有一个面。学生对身边的物体有强烈的好奇心和求知欲，喜欢大胆猜想，有一定的动手能力，因此在课上动手实验，能使猜想和结果产生强烈的对比，有助于学生感受数学的神奇，激发学生的兴趣。

二、教具

纸条，剪刀，彩笔，双面胶等。

三、教学目标

1. 知识与技能

用长方形纸条制成一个神奇的莫比乌斯圈，在动手操作中了解莫比乌斯带的特征。

2. 过程与方法

经过动手操作来主动思考，探索莫比乌斯带的神奇特征。

3. 情感、态度与价值观

从猜测到验证，感受数学的无穷魅力；拓展视野，激发学习数学的热情。

四、学情分析

教学对象：四年级学生。

认知特点：这个阶段的学生从笼统、不精确地感知事物的整体渐渐发展到能够较精确地感知事物的各部分，并能发现事物的主要特征及事物各部分间的相互关系。通过观察、实验、制作等过程，结合学生的认知规律，引导学生大胆猜想，自己动手来感受数学的神奇，激发对数学的兴趣。

五、教学过程

第一阶段：初识莫比乌斯带

观察长方形纸条有几个面、几条边(2 个面、4 条边)。

能把它变成 2 个面、2 条边吗？一起来试一试：做一个普通纸圈，引导观察得出 2 个面、2 条边。

能把它变成 1 个面、1 条边吗？一起来试一试：先做一个普通的纸圈，然后将一端翻转 180°，再用胶带粘牢。

这样的纸圈真的是 1 个面、1 条边吗？我们一起来检验吧！拿出一支水彩笔，在纸圈的中间画一条横线，看看它是不是在一个面上。

通过一则故事来让大家知道它的名字叫“莫比乌斯带”。

第二阶段：1/2 处剪莫比乌斯带

刚才在纸圈的中间画了一条横线，想一想，如果沿着中间这条横线把这个纸圈剪开的话，会怎样呢？动手验证一下。

验证结果：变成了一个更大的圈。

第三阶段：1/3 处剪莫比乌斯带

将画有绿色线条的纸条做成一个莫比乌斯带。横向沿着三等分线剪，会怎样呢？动手验证一下。

验证结果：一个大圈套着一个小圈。

第四阶段:其他剪法

从中间或从三等分线剪莫比乌斯带得到的结果是不一样的。试试其他剪法,结果会怎样?动手验证一下。

第五阶段:拓展

如果不是旋转 180°,而是旋转更多的度数,会有什么新的发现?

一个简单的小纸圈竟如此神奇,它不光好玩有趣,还被应用到生活的方方面面。

六、授课照片

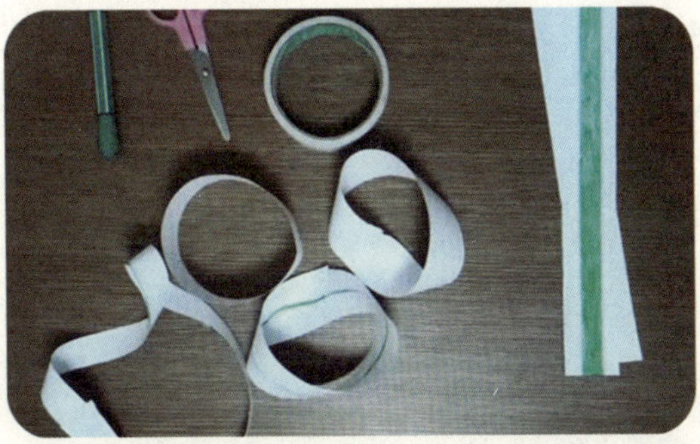

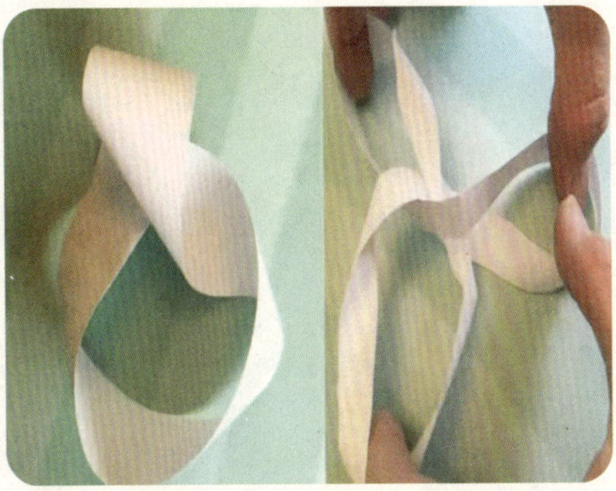

七、评估与反思

本活动旨在开阔学生的视野,拓宽学生的知识面,让学生感受数学变幻莫测的无穷魅力,有助于培养学生的空间想象能力、“大胆猜测,小心求证”的意识以及勤于反思的习惯,激发学生的创造热情和探索欲望。

三 球 一 绳

（王宏宇）

一、教学内容

通过视频、展项，让学生初识混沌现象；通过实验探究，让学生制作“混沌”并了解其特点，体会科学就是在实验中不断探索发现的，启发学生进一步探索混沌的意义。

二、教具

细绳，石英沙，塑料瓶，重物，剪刀等。

三、教学目标

1. 知识与技能

了解混沌现象能够产生需要系统内部多个物体之间互相影响；了解混沌是从“确定性系统”产生“随机运动”；了解混沌系统与生活的关系。

2. 过程与方法

提生在科学探究过程中主动参与、积极观察与交流的能力，增强团队协作能力。

3. 情感、态度与价值观

主动探究生活中发现的问题；乐于合作、与他人交流分享；实事求是，以实践为基础得出结论。

四、学情分析

教学对象:七至九年级学生。

认知特点:这个阶段的学生思维的独立性、批判性日益增强,由于初步掌握了比较系统的科学知识,能够理解自然与社会中的一些较复杂的关系和联系,因此本课程让学生在实验中自主讨论、归纳、总结混沌的规律和特点,符合学生的认知特点。

五、教学过程

第一阶段:初窥混沌

通过展项引入混沌的概念,引导学生观察"三球一绳",描述展项运动,对混沌现象产生兴趣。

第二阶段:制造混沌

通过实验"复刻"展项,清晰地展现展项的运动轨迹。

第三阶段:解构混沌

总结规律,了解混沌产生的条件及混沌系统的特点。

第四阶段:拓展延伸

了解混沌系统的无处不在及混沌的意义。

六、授课照片

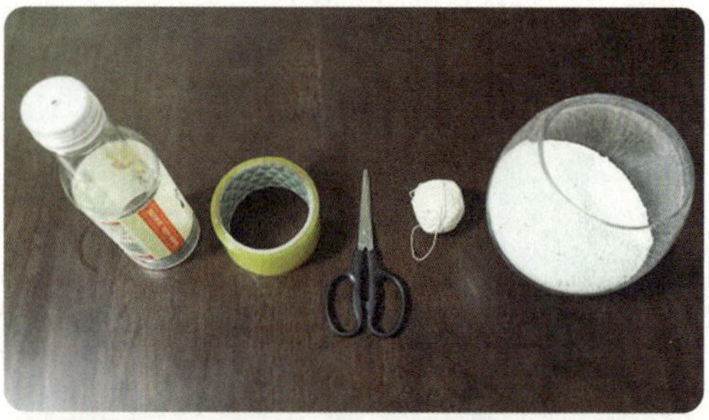

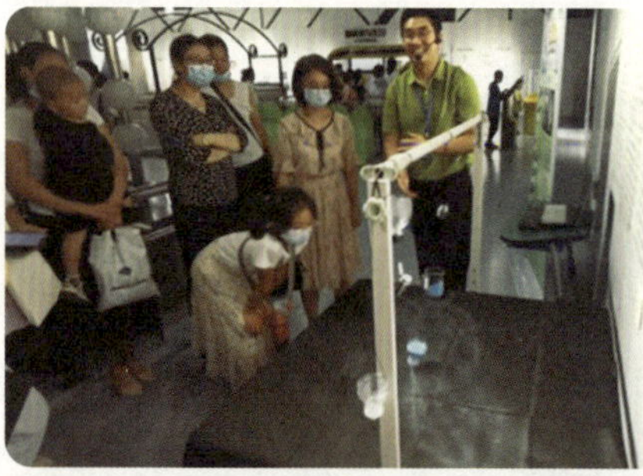

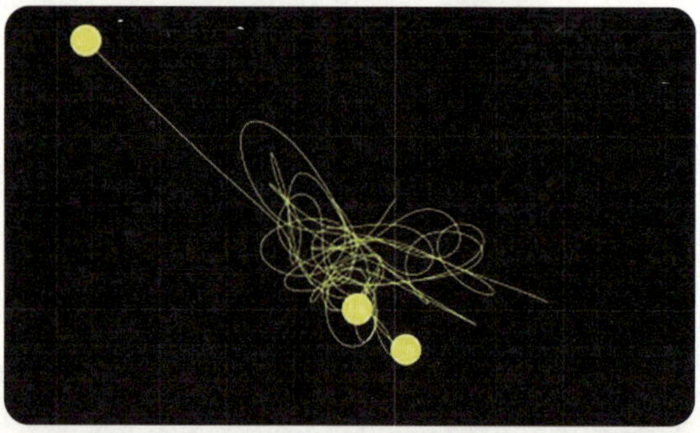

七、评估与反思

本次课程，既能让学生对混沌系统有较为全面的了解和掌握，也能让学生在探究过程中掌握构建模型、控制变量等科学方法，更好地学习与生活。

变胖的三角形

（张哲侨）

一、教学内容

从科技馆展项引入，用身边的道具制作不同形状的“井盖”来发现等宽曲线的秘密。再通过实验“曲边滚木”加深对等宽曲线的认识和理解，拓展延伸问题：等宽曲线图形都可以作为车轮吗？有什么改进措施？最后思考生活中的等宽曲线的应用有哪些。

二、教具

饼干盒，直尺，铅笔，圆规，卡纸，水彩笔，剪刀，胶水，橡皮等。

三、教学目标

1. 知识与技能

了解等宽曲线的概念；探究等宽曲线的特点，并尝试验证不同形状图形是否具有等宽曲线图形的特征；学会绘制等宽曲线图形，联系生活中的等宽曲线图形，加深对概念的掌握。

2. 过程与方法

通过对等宽曲线的认识研究，对其图形特点和结构做进一步了解，提高探究能力，培养观察、记录、绘制等技能并对等宽曲线的应用加以实践。

3. 情感、态度与价值观

了解等宽曲线的概念，启发对生活中等宽曲线的思考；从不同物体中发现等宽曲线的特征，培养辩证性思维的能力；实验模拟，有助于培养创新能力，激发学习兴趣。

四、学情分析

教学对象：六年级学生。

认知特点：六年级学生刚学习了圆的知识，同时也掌握了长方形、正方形、三角形等多种平面图形。虽然学生对于车轮为什么常做成圆形有了初步了解，但是大部分学生认为车轮只能是圆形的。这次活动引导学生结合实际情境，体验发现和提出问题、分析问题和解决问题的过程。

五、教学过程

第一阶段：情境导入

引入“井盖大冒险”游戏。制作四种“井盖”，观察它们的特征。以圆井盖为例，回顾所学“圆的特征”，思考其中的奥秘。

第二阶段：自制道具

学生自制道具(卡纸片、圆和曲边三角形)，小组合作寻找等宽曲线的特征。尝试解释井盖做成后面两种形状的不会掉下去的原因。

第三阶段：实验探究

体验展项《椽子车辊》，用“看、猜、验”的方法探究小车为什么能平稳行走。思考古人运输物品用什么工具。发挥想象力制作曲边滚木，再次观察、对比等宽曲线的特征。

第四阶段：拓展迁移

拓展思考：车轮一定是圆的吗？等宽曲线图形(圆、曲边三角形)可以作为自行车车轮吗？它们各有什么优缺点？延伸方轮车展品来解释。

第五阶段:完善评价

回归生活,举例说明等宽曲线在生活中的应用。填写任务单,小组成员之间进行分享交流。

六、授课照片

七、评估与反思

《橡子车辊》展项在第六届全国科技馆辅导员大赛展品辅导赛中经过多次打磨、思考、探究,对展品辅导和基于展项的教育活动开发有很大帮助。在展品辅导过程中,由于受四分钟时间的限制无法把前后探究的所有内容进行展示,故开展了课程的探究,进行比较细致的学习和思考。但是在课程中用到的一些教学方法,并没有很明确的点出,这也是今后课程设计中要注意的问题。

009

“年味儿”里的图形美

（傅丽）

一、教学内容

了解几何图形的构成要素及简短的几何体概念；了解平面图形和立体图形的简单区别；锻炼简单构图能力、动手操作能力；培养创意思维。

二、教具

纸，笔，立体玩偶猪，平面窗花和立体窗花，剪刀，彩纸等。

三、教学目标

1. 知识与技能

通过几何图形中点、线、面的关系，学会简单构图，并了解剪窗花的要点；通过剪窗花了解生活中的图形美。

2. 过程与方法

通过开放性的制作过程，培养观察力、创造性及团队协作能力，学会运用逻辑思维分析问题。

3. 情感、态度与价值观

了解春节习俗，以及自己家里春节的“年味儿”，激发对传统文化的兴趣。

四、学情分析

教学对象：一至三年级学生。

认知特点：这个阶段的学生对事物具备初步认知，但是还不能完全分辨平面图形和立体图形。

五、教学过程

第一阶段：课程导入

先在纸上画出一个点，接着用点画出一条线，最后用线画出一个图形。让学生了解点、线、面三者的区别和联系。

第二阶段：观察思考

拿出平面小猪和立体小猪让大家做对比，了解平面和立体的区别。

教授平面窗花和立体窗花的区别和剪法。

第三阶段：总结评价

相互交流，让学生在交流的过程中学会聆听。最后对课程进行评价。

六、授课照片

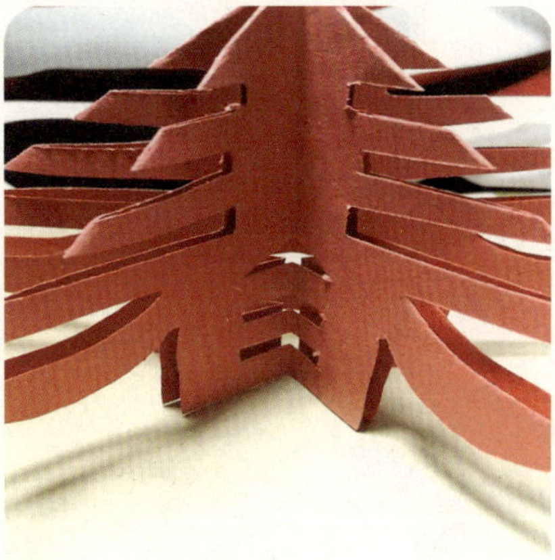

七、评估与反思

通过“做中学”的模式，帮助学生深化知识内容、建构自己的知识体系。通过开放式的教学过程，可以促进学生相互交流、相互学习，培养他们的团队合作意识。剪纸过程中有些学生对窗花点线相连的特性不能完全领悟，会将纸剪断，所以针对不同接受程度的学生应区别对待，必要时可以多讲几遍。

数学视角下的篮球运动

（傅丽）

一、教学内容

本课程基于数学展厅《水中的抛物线》科普展项中“抛物线是指平面内到一个定点和一条定直线距离相等的点的轨迹”的数学概念进行设计，借鉴《义务教育科学课程标准》中“加强教学内容整合”的教学建议，以学生喜爱的篮球运动为主题，分为“篮球新手”“数学分析投篮技巧”“超级得分王”三个授课阶段。课程采用“做中学”的方式，引导学生在参与互动游戏和动手制作的过程中，运用观察、对比、分析、判断、归纳等科学方法，学习掌握抛物线的基本概念，学会运用抛物线和其相关知识提升自己的投篮水平，并拓展延伸抛物线在日常生活中的相关应用，进而提高学生的数学思维能力，达到“理解与认知水平相适应的科学概念并能运用于日常生活”的教学目标，形成尊重事实、乐于探究的科学态度。

二、教具

篮球架，篮球，桌子，椅子，电视，投篮器制作材料等。

三、教学目标

1. 知识与技能

学习抛物线的概念和相关知识；通过制作投篮器，了解抛物线对于提升投篮命中率的重要作用；了解掌握抛物线在现实生活中的具体应用。

2. 过程与方法

通过开放性的制作过程，引导用数学思维解决生活中的实际问题；通过竞赛式的实验过程，引导利用适当的科学方法解决生活中的问题，增强迎难而上的信心和勇气；通过评价分享的过程，培养沟通交流的能力。

3. 情感、态度与价值观

通过抛物线知识在篮球运动中的实际应用，培养对数学的兴趣，提升运用数学思维进行科学运动的能力和水平。

四、学情分析

教学对象：二至四年级学生。

认知特点：这个阶段的学生对篮球运动较为感兴趣，但是尚未掌握如何运用数学思维实现科学运动的方法。考虑到该年龄段学生的思维在很大程度上仍然与直接经验相联系的特点，所以课程以学生喜爱的篮球运动为主题，把数学概念具象化、生活化，让学生在游戏互动的过程中，把对抛物线的理解通过篮球运动和动手制作，转换成自己的直接经验进行探究，使学生在提高数学思维能力的同时，学会运用适当的科学方法解决日常生活中遇到的问题。

五、教学过程

第一阶段：篮球新手（课程引入）（15 分钟）

通过传球和投篮动作，引导学生思考：篮球在这两个动作中的运动轨迹有没有不同？不同在哪里？篮球的运动轨迹是怎样的？在篮球运动中为什么要用这样的技巧来投篮呢？抛物线在生活中还有哪些其他应用呢？

第二阶段：数学分析投篮技巧（深化拓展）（35 分钟）

通过动手制作投篮器，进一步深化延展抛物线的相关知识，了解篮筐的距离、篮筐的高度、投篮时的角度等要素，这些都是篮球场上精准控制抛物线的重要因素。

第三阶段：超级得分王（评价反思）（10 分钟）

通过投篮比赛，引导学生运用观察、对比、分析、判断、归纳等科学方法，发现问题、主动探究，并通过相互交流的方式，让学生在分享的过程中学会聆听和取长补短。

六、授课照片

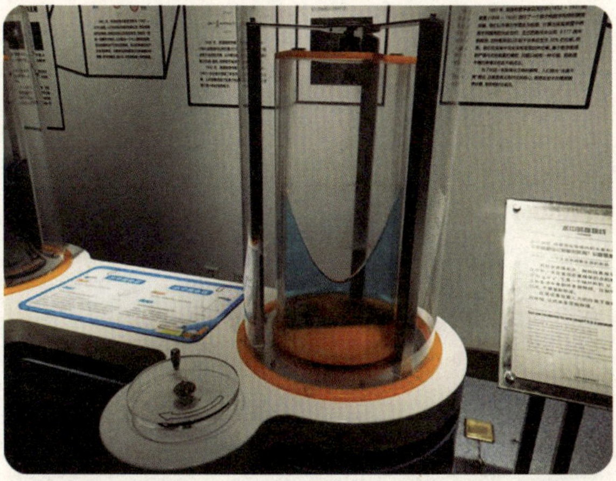

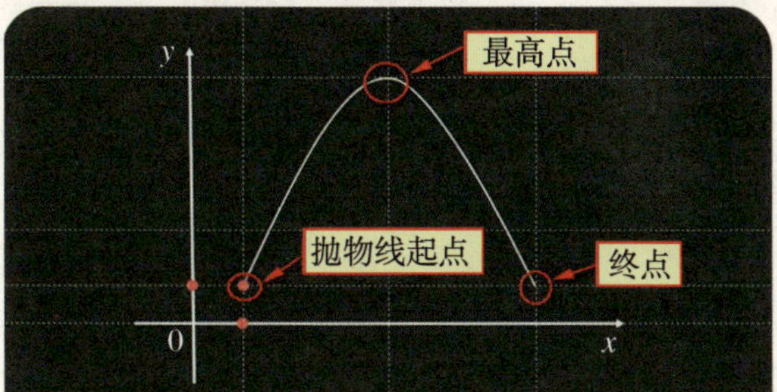

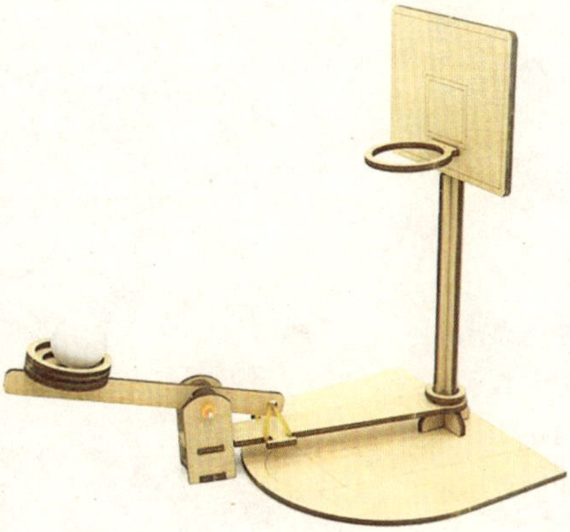

七、评估与反思

不同孩子的动手操作能力不同，所以活动要分小组进行，针对不同情况给予不同指导。

2 物质形态

会下雪的试管

（闫夏）

一、教学内容

针对小学课标中的教学内容，以“溶解”为主题，以探究式学习为主要教学方法，以观察记录、分组实验为主要形式，并采用动画视频等辅助技术手段，使学生了解溶解与结晶的相关知识。

二、教具

“会下雪的试管”实验箱等。

三、教学目标

1. 知识与技能

观察雪花结构，知道雪是怎么形成的；了解溶解与结晶；学会使用试管。

2. 过程与方法

了解科学探索的一般过程；初步掌握观察、实验、对比和模型构建等科学研究方法。

3. 情感、态度与价值观

在实验过程中注重发扬团结合作的精神；通过欣赏雪花提高对自然美的感受能力。

四、学情分析

教学对象:四至六年级学生。

认知特点:创设有趣的实验情境,可以大大引起该阶段学生的兴趣。通过分组实验,动手操作,让学生在实验和观察中自主学习,总结规律,深化对知识点的记忆,同时培养他们发现问题、分析问题的能力。

五、教学过程

第一阶段:教学活动引入

从学生熟悉的话题引入,活跃课堂氛围。到了冬天,寒冷的北方经常会下雪,但雪花一旦落到地上和身上,就会很快消融。你们有没有仔细观察过雪花的样子呢?

第二阶段:实验探究

通过实验观察结晶的过程,画出雪花的形状。

第三阶段:原理探究

雪花就是云朵里的结晶体。由于冬天气温低,云层里的温度多在零度以下,空气中多余的水汽就会变成过冷水滴。水滴依附在灰尘上,形成结晶。冰晶吸引水汽和水滴,不断增大,形成雪花。

第四阶段:家庭实验

如何将溶解了的食盐提取出来呢?课后学生独立完成实验。通过家庭实验,将学习兴趣延伸至课外。

六、授课照片

七、评估与反思

该课程在山西省科学技术馆实施 2 场次，共 20 人参与活动。将“雪花”与“溶解”的知识紧密结合，辅以多媒体技术手段，创设合情合理、符合学生心理特点及情感需要的情境，有助于提高学生对这部分知识的理解和感悟。学生通过小组合作探究，将亲眼所见的现象记录下来，并加以比较和思考，加深对科学知识的理解，同时也能产生自己的见解，体验合作学习的乐趣和实验探究的过程，还能从枯燥无味的学习中解脱出来，成为课堂教学的主体。

魔法史莱姆

（闫夏）

一、教学内容

针对四至六年级学生，以“物质的三态”为主题，以实验和探究为主要形式，以体验和讨论学习为主要教学方法，采用多媒体和模型等辅助技术手段，让学生了解“物质的三态”的相关科学知识。

二、教具

“魔法史莱姆”实验箱等。

三、教学目标

1. 知识与技能

通过观察，感受水在固、液、气三种状态下的不同特征；能列举自然界和日常生活中的各种不同状态的物质；学会溶解与凝固的方法。

2. 过程与方法

掌握将看到的自然现象用实验进行分析归纳、演绎推理的方法；提升探究中所用到的过程技能，如收集的技能、创造的技能、操作的技能等。

3. 情感、态度与价值观

对观察生活中的现象产生初步的兴趣；在实验过程中强调发扬团结合作的精神。

四、学情分析

教学对象：四至六年级学生。

认知特点：这个阶段的学生具备初步的物理知识，认知能力强，对科学知识兴趣浓厚。

五、教学过程

第一阶段：教学活动引入

观看关于魔法史莱姆的动画片，观察这个卡通形象出现了几种形态。列举生活中物质的几种形态。

第二阶段：原理探究

用模型模拟区分物质三态，以水为例，讲述小水滴在自然界的“旅行”。

第三阶段：制作“史莱姆”

分发材料，指导学生制作卡通形象“史莱姆”。

六、授课照片

七、评估与反思

本活动在山西省科学技术馆共实施 2 场次，受众共计 20 人。学生课堂反应活跃，兴趣浓厚，知识掌握程度良好。适宜作为平日教育或与主题教学相结合进行的活动项目。

013

飞行的固态水

（徐亚欣）

一、教学内容

本节课将通过实验、探究、学生讨论等一系列方式，使学生对雪花的形成有进一步的了解，增强学生的观察能力和探索世界的科学精神。将实验结论和现实生活相结合，激发学生对科学的学习兴趣。

二、教具

烧杯，湿沙子，酒精灯，盘子，冰等。

三、教学目标

1. 知识与技能

初步了解水的三态变化；了解升华、凝华的概念，用物理语言进行解释。

2. 过程与方法

培养从结论推断过程的思维方式，积极观察与交流；了解科学思维，获取整理归纳能力。

3. 情感、态度与价值观

激发对自然现象探索的欲望。

四、学情分析

教学对象:五、六年级学生。

认知特点:这个阶段的学生本身已经具备一定的思考能力和动手实践能力,对水循环的知识点已有基础的认知,但是专注力和归纳总结的能力还有待提高,对抽象知识的获取仍存在些许困难。

五、教学过程

第一阶段:课程导入

带领学生观察展项,从雪花和水的关系入手,然后准备实验,通过实验让学生了解到水的"旅行"正是水的物态变化。

第二阶段:概念讲解

先播放一段雪花视频,提出问题,思考雪花形成的原因,以雪花为例,切入基础物理知识,对升华、凝华的概念进行讲解。

第三阶段:知识拓展

在对基础物理概念升华、凝华有了一定了解之后,提出问题:"生活中,有哪些可以用升华、凝华知识解释的现象呢?"并且让学生观看雾凇、冰花的图片。

六、授课照片

七、评估与反思

很多学生在上课之后，对水的循环产生了浓厚的兴趣，在实验的过程中联系了生活实际，同时也增强了学生节约用水的意识。

014

聪明的饮水鸟

（王宏宇）

一、教学内容

针对《义务教育科学课程标准》中“物质的三态变化”的教学内容，以认识加热和冷却可以改变物质的状态为教学目标，以“物态变化”为主题，以体验式学习、多感官学习和“做中学”为主要教学方法，以展项互动体验与实验探究、验证相结合的活动形式，增强学生科学探究的意识和能力。

二、教具

碘管，塑料瓶，水，酒精，胶头滴管，蜡烛，塑料袋，橡皮筋，烧杯，打火机，压缩打火仪，打气筒，塞子等。

三、教学目标

1. 知识与技能

了解物质存在的几种不同状态；理解热是物体状态变化的关键；明白饮水鸟的作用原理。

2. 过程与方法

培养在科学探究过程中的主动参与性，培养积极观察与交流的能力，增强团队协作能力。

3. 情感、态度与价值观

激发主动探究学习的精神，培养利用科学方法验证观点的科学态度；尝试运用学到的科学方法去解释生活中的一些现象。

四、学情分析

教学对象：四至六年级学生。

认知特点：小学生的思维从以具体形象思维为主要形式逐步向以抽象逻辑思维为主要形式过渡，但他们的抽象逻辑思维在很大程度上仍是直接与感性经验相联系的，具有很大成分的具体形象性。因此，本课程以大量实验为基础，让学生更深刻地理解饮水鸟的喝水原理。

五、教学过程

第一阶段：初识饮水鸟

体验展项，引导学生观察饮水鸟，描述饮水鸟在喝水过程中的变化，引发学生兴趣。

第二阶段：了解汽化和液化

通过实验，了解汽化和液化，明白饮水鸟装置中发生的变化，初步解释饮水鸟喝水的原理。

第三阶段：理解杠杆原理

通过实验，理解杠杆原理，了解饮水鸟能喝水还有杠杆原理在起作用。

第四阶段：解释饮水鸟喝水原理

通过小组讨论的方式总结饮水鸟喝水的过程和原理。

第五阶段：拓展延伸

通过实验，了解物质融化、凝固、升华、凝华的过程和特点。

六、授课照片

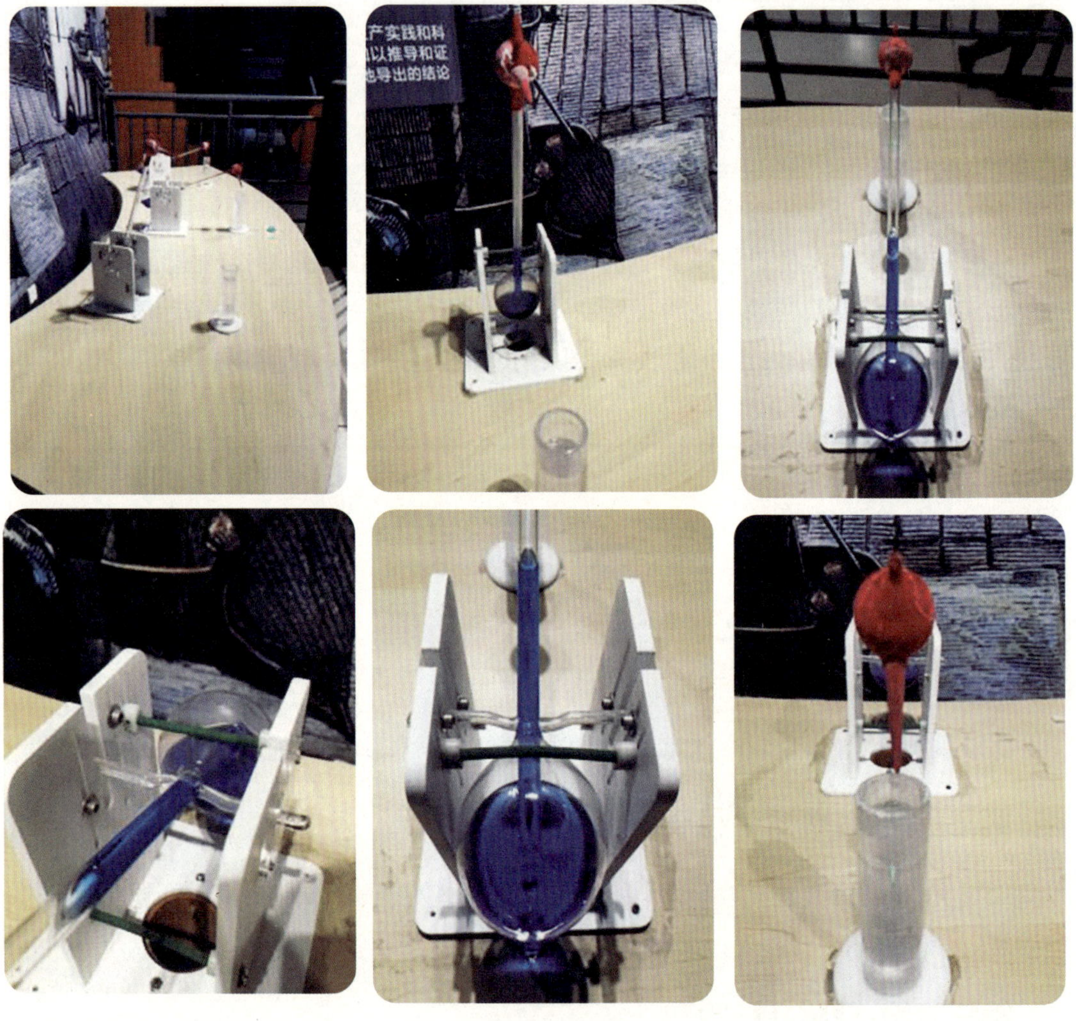

七、评估与反思

本次教育活动的评估环节与课程实施紧密融合，让学生通过观察实验、对比、控制变量、实验论证等科学探究的方法掌握物态变化相关知识，以及饮水鸟喝水原理。在学生讨论的过程中，也能让教师对学生的掌握程度进行评估。

神奇的热缩片

（张安琪）

一、教学内容

本节课针对教科版小学三年级《科学》上册中“我们周围的材料”的教学内容，以“神奇的热缩片”为主题，综合利用山西省科学技术馆“机械与动力”展区的展品、场景和“机械师摇篮”的实验器材等教学资源，以“基于实物的体验式学习、基于实践的探究式学习”为教学理念，以体验式学习、多感官学习、情境教学和“做中学”为主要教学方法，以展览参观、小实验、科学动手做相结合的活动形式，以图片、动画视频为辅助教学技术手段，以达到了解形状记忆塑料的概念及原理、让学生感受到科技使生活更美好的教学目标。

二、教具

热缩片，矿泉水瓶，热风枪，剪刀，水溶性彩铅，打孔器，钥匙链，胶水等。

三、教学目标

1. 知识与技能

了解热缩片以及记忆塑料的概念和原理。

2. 过程与方法

通过实验现象及对比实验，联系日常生活，借助 PPT，让学生亲自参与制作，在制作过程中了解记忆塑料、热缩片的原理与应用。

3. 情感、态度与价值观

在动手制作的过程中，开发动手能力，提高审美意识和审美能力，并进行知识拓展，感受到科技使生活更美好。

四、学情分析

教学对象：三年级学生。

认知特点：这个阶段的学生形象思维活跃，语言和行为欢快活泼，爱说爱动，可以较熟练地做自己想做的事；能够辨别生活中常见的材料，能描述某些材料的主要特征及用途；逻辑思维、创造性思维开始发展，能够简单理解抽象概念；他们的注意力不持久，一般只有 20～30 分钟。

五、教学过程

第一阶段：课程导入

提问：铁轨连接处为什么会有缝隙？生活中还有哪些常见的热胀冷缩的例子？有没有受热之后反而会收缩的材料呢？

第二阶段：对比实验

同时加热矿泉水瓶和热缩片，比较二者受热后的区别。

第三阶段：答疑、讲授

(1) 学生提出问题：热缩片为什么会热缩？

(2) 引导学生思考：热缩片及形状记忆塑料在生活中有什么实际用途？它的发展前景如何？

第四阶段：科学动手做

学生动手制作热缩片钥匙扣、热缩片徽章等。

第五阶段:拓展与延伸

带领学生走进展厅,参观《形状记忆合金多米诺》展项,拓展形状记忆合金材料,了解更多的记忆材料。

第六阶段:课堂总结

对课堂内容进行总结。

六、授课照片

七、评估与反思

本课程与学校科学课程相比，更加注重给学生创设独立探究的学习氛围，体现学生的主体地位；培养学生的观察能力和动手能力并渗透科技知识，使学生学会欣赏、学会尝试；培养学生的审美能力。同时结合《义务教育科学课程标准》，拓展教学内容，补充延伸学校课堂知识。

热胀冷缩的奥秘

（孟薇）

一、教学内容

通过观察、探究、实验及合作交流，让学生了解什么是热胀冷缩，建立知识网络；尝试自主探索，改变气球的状态；动手实验，完成水的空间转换。

二、教具

色素，热水，塑料水瓶，吸管，接水盆，气球等。

三、教学目标

1. 知识与技能

了解热胀冷缩的原理，解决生活中的实际问题；动手动脑按规定完成实验。

2. 过程与方法

倡导以探究式学习为主的多样化学习方式，促进学生主动探究；对任何事物充满好奇，能通过对身边自然事物的观察，发现和提出问题，能运用已有知识说出自己对问题的假想答案；能根据假想答案，制订简单的科学探究活动计划；逐步培养提出新问题、收集和处理信息、获取新知识、分析问题和解决问题的能力。

3. 情感、态度与价值观

培养热爱观察和思考的能力，激发自我探索的潜力；在科学学习中能认真思考，团结互助，尊重他人意见，求同存异，敢于提出不同见解，乐于合作与交流；养成良好的探究习惯，认真观察每件小事，不断思考，揭开事物背后的科学原理，培养系统的科学知识体系。

四、学情分析

教学对象：二、三年级学生。

认识特点：这个阶段的学生已经掌握了热与冷的概念，在生活中受认知结构水平限制，对现象的了解还停留在表面。但是学生好奇心强、模仿能力强，需要教师稍加引导。

五、教学过程

第一阶段：了解什么是热胀冷缩，建立知识网络

在生活中，我们会发现瓶装水不管是玻璃瓶的还是塑料瓶的，里面的水都不会装到瓶口，根据这个现象设置问题：如何让干瘪的乒乓球复原？让大家带着问题去探索今天的课程。

（1）看影视资料并思考：为什么铺铁轨要放枕木，以前的铁轨与铁轨之间为什么不相连？

（2）感受体温计，体温计在生活中较为常见，能非常直观地展现热胀冷缩的原理。

第二阶段：根据所学改变气球的状态

学生对这一环节抱有极大的兴趣，大部分学生通过互动能重温之前的知识。

第三阶段：做实验实现水的“乾坤大挪移”

组织大家一起动手，根据所提供的矿泉水瓶、吸管、热水等，结合所学原理完成水的空间转换。

六、授课照片

七、评估与反思

从常见的现象入手，创造一定的条件，激发学生学习与活动的积极性，培养他们对学习过程的兴趣与好感，鼓励学生探索、发现、尝试和体验。

神奇的水先生

（王嫔）

一、教学内容

本课程从小学生的兴趣点出发，通过“探索”“调查”“创造”的形式，向学生开展以“水”为主题的STEAM课程。

二、教具

大塑料瓶，木棒，塑料包装盒，剪刀，橡皮泥，牙签，两粒带孔的珠子(孔的大小刚好能穿过牙签)，胶带，规格为15cm×15cm的硬纸等。

三、教学目标

1. 知识与技能

了解水的特性；探究水结冰后体积增大及“霜”形成的原因；了解水利灌溉的相关知识；动手制作一台水车，并分享自己的成果。

2. 过程与方法

教师通过角色扮演，并展示相关图片、视频，使学生进入创设情境，引入“水无处不在”的概念；探究关于水性质的生活现象，引入思考；根据提供的材料，自制一台简易水车；学生相互介绍作品，课后拓展延伸。

3. 情感、态度与价值观

在课程引入环节，启发对于水的认知；在探究水性质的过程中，培养细致观察能力，并锻炼从生活中寻找科学知识的思维；在动手制作环节，培养理解及动手能力；在作品展示过程中，培养语言表达能力，提高自信心。

四、学情分析

教学对象：一、二年级学生。

认知特点：这个阶段的学生对于水的性质有一定认知，但较难接受文本式教学，因此需要通过生活中常见现象入手。而动手制作环节，由于学生对于材料特性的掌握欠佳，因此需教师帮助。

五、教学过程

第一阶段：知识导航

来自水先生的自我介绍：大街上的水洼里有我，辽阔深邃的大海里有我，人类的身体里还有我……（水无处不在）；我很特别，我能从容器里倒出，我会“黏在”你的皮肤上，我可以溶解你们最爱的糖，你抓不住我……；我的形态：我是世界上唯一可以在正常温度下以固态、液态和气态三种形式存在的物质。

第二阶段：实验探究

装了水的杯子在冰箱里冷冻一夜，为什么冰面高于水位线？一个干燥的空金属杯子装满冰块，放进一间暖和的房间里，杯子外壁附着了一层什么？云是怎么形成的？（引入实验：在杯子中造云。）

第三阶段：动手制作

人类利用水力工作已有几千年的历史，流动的水可以带动水车，水车再带动机器运转；世界上第一座工厂建在河流附近。人类利用水车为磨坊磨面粉或抽水灌溉农田。我们也可以制作一台以水为动力的水车。

第四阶段:作品展示及课后延伸

(1) 让学生对自己制作的作品,进行简单介绍。

(2) 课后延伸:其他星球上有水的存在吗?

六、授课照片

七、评估与反思

本次课程通过创设情境及角色扮演的方式，激发学生的参与兴趣。课程运用了STEAM的理念进行教学。而在实际授课过程中发现此理念未充分发挥作用，还需及时调整内容设置，提高学生学习的主动性。

水的表面张力

（张微）

一、教学内容

通过生活中常见的现象引入课程，激发学生的好奇心，使其带着问题进行思考和研究。探究什么是水的表面张力以及表面张力的各种表现形式，并且能够结合展项了解表面张力的特殊性质，从而掌握现象背后的科学原理，形成科学的思维方式，建立科学知识和科学现象的连接。

二、教具

A4纸，笔，纸杯，清水，肥皂水，模型，回形针等。

三、教学目标

1. 知识与技能

通过科学实验和科学游戏帮助学生去了解并掌握水的表面张力的基本原理，观察肥皂水的表面张力，进行科学知识的延伸，并解释表面张力现象出现的原因。

2. 过程与方法

引导学生仔细观察并提出疑问，针对不同的疑问提出可能的原因，并试图解释其中的道理；在实践的过程中能够自我发现和提出结论，并探究结论的正确性；通过对比试验建立科学现象的普遍联系，实现科学知识的举一反三以及探究和挖掘；通过教学激发学习兴趣，并且能够提出假设、验证假设并进行内容总结。

3. 情感、态度与价值观

通过课程学习让学生在掌握科学知识的同时，培养科学学习的兴趣，关注身边的科学现象。

四、学情分析

教学对象：二、三年级学生。

认知特点：这个阶段的学生充满好奇心，能够发现生活中各种科学现象，善于发问，并且能够给出各种天马行空的解释，有很强的学习能力，但是缺乏科学学习的环境和思维方式，难以进行连贯的科学思考。

五、教学过程

第一阶段：话题导入

水黾为什么能够在水面上站立？荷叶上的露珠为什么是球形？这些生活中常见的现象如何用科学知识进行解释？

一杯水如果倒满了是否能够继续注入水？倒满的水里放入回形针水会溢出吗？回形针是否能够漂浮在水面上？为什么清水不能拉伸泡泡而肥皂水可以？

第二阶段：观察现象、分析原因

通过观察和实验，提出问题和假设，尝试解释为什么杯中水满了还能继续加水，为什么水满的情况下放入回形针水不溢出，回形针还能够漂在水面。

第三阶段：游戏辅助解释科学现象

通过形象的游戏，模拟水杯中水分子的运动，并区分表面的水分子和内部水分子受力的不同，从而帮助学生理解表面张力，并说明力的大小。

第四阶段：辨别表面张力大小，分析不同物质表面张力情况

在水中加入肥皂水，改变水的表面张力，让水能够被拉伸形成水膜，并且帮助学生

理解分析肥皂水表面张力的特殊性，从而解释肥皂泡的产生与表面张力造成的最小表面之间的关系。

第五阶段：得出结论

表面张力广泛存在于液体当中，并且表面张力的大小和溶液性质有关。肥皂水的表面张力较小，易于拉伸，故肥皂水拉伸水泡更轻松，并且肥皂泡满足表面张力的定义，总有形成最小表面的趋势。

第六阶段：回顾与拓展

学生能够带着疑问进行科学现象的观察和分析，并且在科学实践中发表和总结观点，从而更加轻松地掌握表面张力的概念。在对比实验的过程中学生能够提出假设并验证假设，并利用游戏进行科学解释，通过绘图让复杂的科学知识简明化。

在课程中引入了力的概念，符合科学知识先体验后感知的规律，让学生在学习和实践中体会特殊物质的表面张力，并且可以根据对比实验进行科学知识的延伸。

六、授课照片

七、评估与反思

通过生活中常见的科学现象进行科学课程的引入，更容易启发学生对科学学习的兴趣，并且通过简单易行的科学实验将抽象的科学知识具体化，方便学生学习和掌握。

蒸发的速度

（王嫔）

一、教学内容

本教育活动以山西省科学技术馆走向未来展厅展项《地球上的水》为切入点，以“水文循环”引出蒸发的概念。通过探究得出热度、光和风都是影响水蒸发速率的因素，并分析这三种因素对于蒸发速率的影响。

二、教具

培养皿，小海绵，刻度量筒，秒表，铁环架，电子秤，标尺，电扇，带灯泡的灯，加热器，冷热水，常温水，塑料袋（面包片大小），曲别针，细绳，胶带，剪刀，实验记录本等。

三、教学目标

1. 知识与技能

概述水循环的过程；了解水在自然环境中不断循环，并在每个阶段都改变着自己的状态；知道蒸发的定义；知道蒸发时会吸收周围的热量；了解影响蒸发速率的因素。

2. 过程与方法

了解科学探索的一般过程；初步掌握观察、实践、对比等科学研究方法。

3. 情感、态度与价值观

团队协作，懂得合作和分享；树立自主探究与创新意识。

四、学情分析

教学对象：六年级学生。

认知特点：

(1) 生活经验基础：蒸发是生活中常见的气化方式，学生几乎每天都能感受到蒸发现象，但很少对它进行深入研究。

(2) 认知基础：六年级的学生，经过五年的科学学习已经知道水是一种无色、无味、透明的液体了。本活动在此基础上，引导学生进行探究，得出三种因素对于水蒸发速率影响的结论。

五、教学过程

第一阶段：通过水循环引出实验

通过参观展项《地球上的水》，对大自然的水循环形成初步认知，引入实验。

第二阶段：实验及游戏中找寻答案

通过对比实验的深入探究，引导学生思考三种因素对于水蒸发速率的影响。获得相应经验后，通过游戏的方式将知识内化。

第三阶段：总结知识，课后拓展延伸

各抒己见，并收集可能的答案，共同讨论，课后查阅资料获取正确答案。

六、授课照片

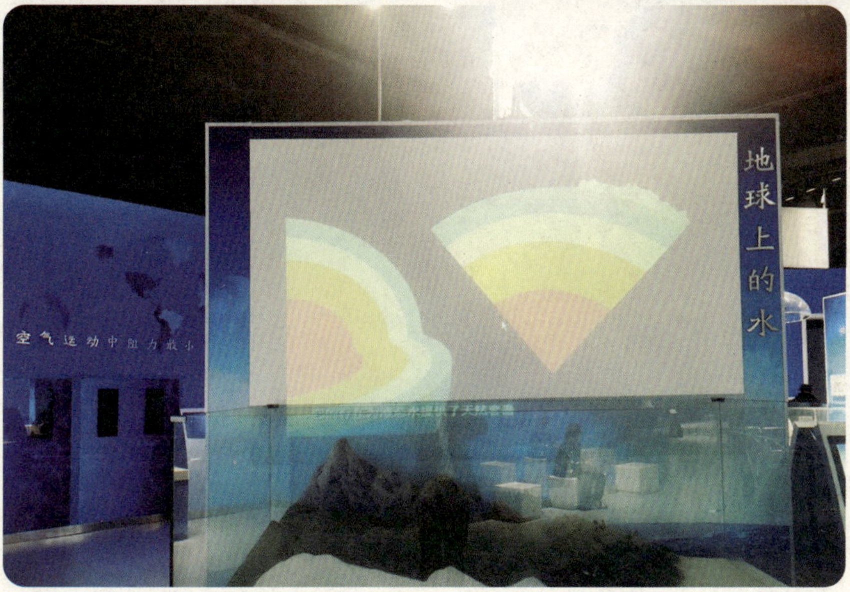

七、评估与反思

本活动方案注重引导学生将书本上和教师讲授的"间接经验"转化为从"做"的实践过程中获得的"直接经验"。教师只起辅助作用，并对学生的思维进行提升。在本教育活动中，注重让学生体验科学探究的一般过程，即发现问题、提出假设、设计方案和制订计划、实验和收集证据、分析讨论、得出结论，使其将此探究方式内化。

3　无处不在的力

020

升 国 旗

（郝思远）

一、教学内容

让学生了解定滑轮的知识；让学生可以区分定滑轮和动滑轮；让学生明白升国旗的意义。

二、教具

国旗，DIY 国旗台资源包，绳子，双面胶，砝码等。

三、教学目标

1. 知识与技能

认识定滑轮并明白定滑轮的作用。

2. 过程与方法

了解定滑轮，可以区分定滑轮和动滑轮。

3. 情感、态度与价值观

培养民族自豪感，树立对国旗的敬畏之心，提升对祖国的热爱之情。

四、学情分析

教学对象：一至三年级学生。

认知特点：这个阶段的学生在课本上还没有学习到定滑轮的相关知识，可能是第一次接触定滑轮，所以教学要由浅入深，让学生了解什么是定滑轮及其作用。同时因为学校每周都会举行升国旗仪式，所以可以利用升国旗仪式增强学生的体验感。

五、教学过程

第一阶段：课程导入

以十月一日国庆节作为导入话题，播放《义勇军进行曲》引起学生兴趣，播放天安门升国旗的视频，引发学生对于升国旗的思考。

第二阶段：实验探究

通过教具绳子和砝码让学生自主探究如何改变绳子的方向，采取分组比赛的形式，让学生进行游戏互动。

第三阶段：原理及应用

在游戏互动后，向学生介绍可以改变绳子方向的神器——定滑轮，并且进行深入的定滑轮探究，过程中利用观察、对比、提出假设、验证猜想、动手实验的方法让学生充分、深入地了解定滑轮。

六、授课照片

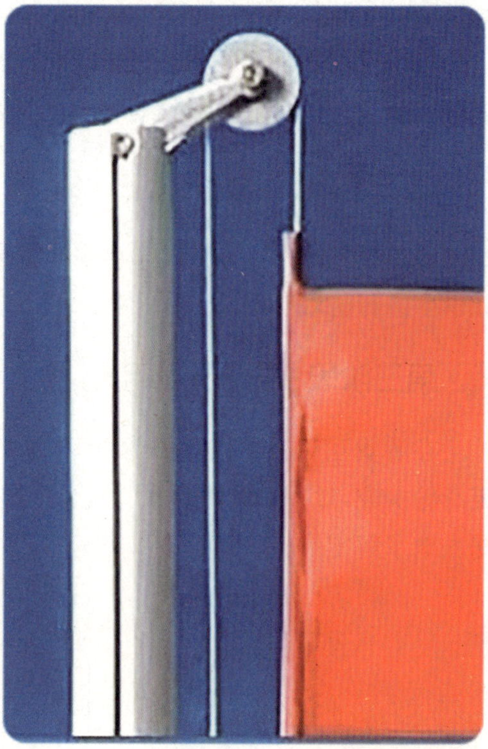

七、评估与反思

活动实施效果与活动设计预期大致相同，学生积极配合，了解并掌握了科学知识，也提升了爱国主义的思想素质；但是进行互动小游戏时，在绳子和砝码的使用中还存在一些问题，如学生对于砝码的认知不够，应当提前进行科普；还要把游戏互动环节的规则明确告知学生，避免为维护秩序而浪费课堂时间。

滑　　轮

（谢飞）

一、教学内容

通过展项《把自己拉起来》初步认识滑轮，通过实验详细认识动滑轮、定滑轮以及它们的特点，了解动定滑轮的原理，并动手制作滑轮。将实验结论和现实生活相结合。

二、教具

定滑轮，动滑轮等。

三、教学目标

1. 知识与技能

根据展项《把自己拉起来》引出滑轮；了解定滑轮、动滑轮以及滑轮组。

2. 过程与方法

运用实验探究方法掌握滑轮原理，培养系统地掌握知识规律的能力。

3. 情感、态度与价值观

提升学习探究的能力；培养在生活中善于观察的能力。

四、学情分析

教学对象：五、六年级学生。

认知特点：这个阶段的学生具有一定的空间想象能力，可以初步认识简单机械，能够明白什么是力的大小与方向。

五、教学过程

第一阶段：认识滑轮

通过展项引入滑轮，引导学生体验观察展项，体会使用滑轮的感觉，激发学生的求知欲。

第二阶段：了解动滑轮和定滑轮的特性

通过观看视频和实际操作，让学生深刻体会各种滑轮的特性，感受动手的乐趣。

第三阶段：了解动滑轮和定滑轮的原理

通过设计实验，让学生明白动滑轮和定滑轮的工作原理。

第四阶段：制作自己喜欢的滑轮

了解滑轮后，让学生制作自己喜欢的滑轮装置，并可以运用到生活中。让学生课后继续观察生活中的滑轮。

六、授课照片

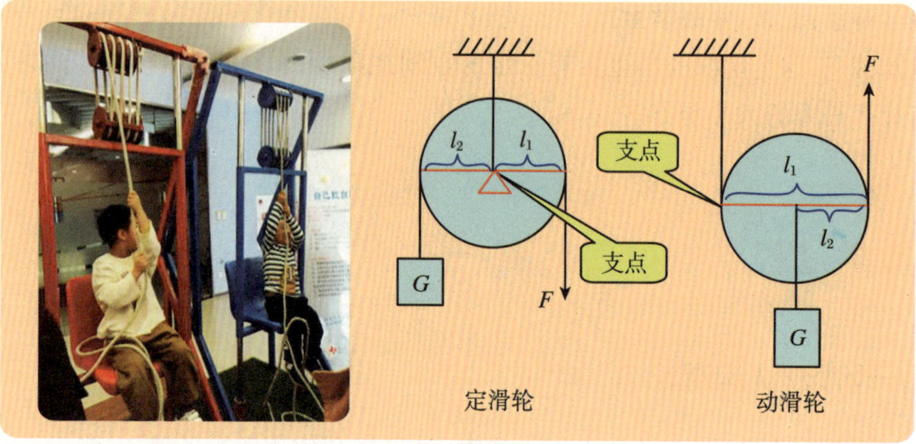

七、评估与反思

在进行教学设计时，遵循“科学探究始于细致观察”的新课程理念，教学中着重培养学生科学的观察技能和细致、认真的观察品质，对学生进行发散性提问训练。让学生认识动滑轮和定滑轮的作用，懂得科学结论的获得是需要通过科学的实验来证明的，同时训练学生的语言表达能力。教学中通过讨论及活动，使学生能利用动滑轮和定滑轮的知识解决生活中的实际问题。

齿轮传动之力的传递

（徐倩）

一、教学内容

齿轮传动是现代各种传动形式中应用最广泛的一种机械传动方式。通过实验探究，了解齿轮传动不仅可以在水平方向传递力，还可以在垂直方向传递力，甚至不同角度、方向都可以进行力的传递。齿轮传动准确，效率高，结构紧凑，寿命长。使用机械传动可以提高工作效率。

二、教具

齿轮材料包，积木等。

三、教学目标

1. 知识与技能

通过实验探究，简单了解圆柱齿轮的功能、圆柱齿轮中小齿轮带动大齿轮和大齿轮带动小齿轮的区别；了解两个圆柱齿轮转动的方向、圆柱齿轮和锥齿轮的区别；了解圆柱齿轮是平行轴之间力的传递，锥齿轮是垂直轴之间力的传递。

2. 过程与方法

通过观察，了解圆柱齿轮和锥齿轮；通过探究性实验，了解齿轮轴之间力的传递。

3. 情感、态度与价值观

通过对生活中齿轮这一机械现象的认知与学习，激发对科学学习的兴趣；通过实验探究的方法，感受、体验与内化，运用科学方法学习科学，乐于用学到的科学知识揭示生活中的现象；明白机械能够解放人类的双手，从而简单了解科学技术与人类的关系。

四、学情分析

教学对象：四至六年级学生。

认知特点：《义务教育科学课程标准》中，明确了学生在“物质的运动与相互作用”的模块应该掌握的知识层面，比如能定性地描述一个物体的位置，知道描述物体的运动需要位置、方向和快慢，知道用机械可以提高工作效率，了解一些简单机械的使用。

五、教学过程

第一阶段：话题导入

以“隔空传物”为导入话题，引出“隔空传力”和齿轮传动的内容。

第二阶段：实验探究

大齿轮带动小齿轮，小齿轮的速度会增加；小齿轮带动大齿轮，大齿轮的速度会减小。两个齿轮啮合旋向相反，三个齿轮啮合能实现相隔的两个齿轮旋转同向。

平行轴上齿轮虽然摆放在同一平面上，但是各自转动时方向相反。

两个齿轮转动，转过的齿数是一样的，所以直径大的齿轮转过一周，直径小的齿轮会转过好几周，转速会变快，成为加速齿轮装置；反之是减速齿轮。

齿轮传动方向在垂直的两个平面上，当一个齿轮的转动方向改变时，另外一个齿轮的转动方向也会改变。

第三阶段：回顾与反思

生活中有哪些地方用到齿轮？

六、授课照片

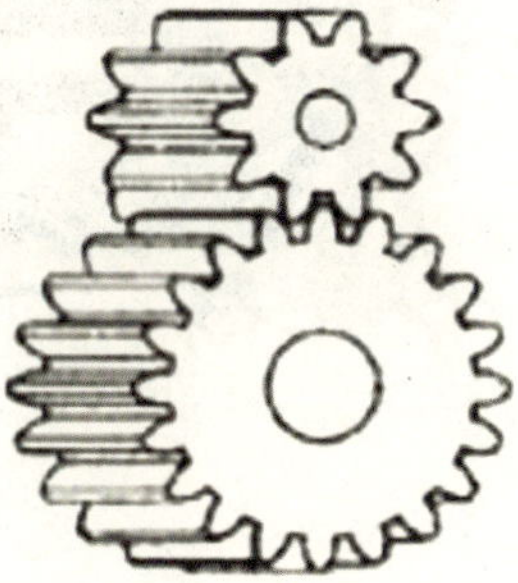

七、评估与反思

本课程本着让学生通过观察法发现现象、探究原因的初衷，通过科学探究、分组实验、控制变量法等方法引导学生层层递进地发现问题并解释现象。

“大力士”空气

(李燕萍)

一、教学内容

本教育活动设计是利用山西省科学技术馆实验工具箱内活动器材“空气大力士”设计的了解气体的力量和大气压强的课程。通过动手实验，证明看不见的“大力士”即大气压。观察生活中的一些现象与大气压强的关系。经过观察、探究、实验及合作交流的过程，培养学生的观察能力、动手能力和解决问题的能力，以及团队协作能力和创新能力。

二、教具

一瓶矿泉水，裁纸刀，红色塞子的试管(装有柠檬酸粉末)，黄色塞子的试管(装有碳酸氢钠粉末)，细口瓶(带塑料栓)，滴管，竹签，纸杯，水等。

三、教学目标

1. 知识与技能

通过一个观察实验和一个动手实验分层次体验和证明空气“大力士”即大气压的存在，并且知道大气压强的概念及其与人类生活的关系。

2. 过程与方法

在教师的指导下进行感受气体力量的实验。实验材料中有药品，操作过程中需要轻拿轻放、精准操作，勿入眼睛、嘴巴、鼻子等，勿将瓶口对准别人等，这些细致的要求可以锻炼学生严谨细致的科学实验精神及实验操作能力。

3. 情感、态度与价值观

经历观察和动手操作的有趣实验，培养实事求是的科学态度，通过了解大气压强能解决实际生活中的许多问题，体验到成功的愉悦，提高科学学习的兴趣，激发学习的热情。

四、学情分析

教学对象：四至六年级学生。

认知特点：这个阶段的学生思维开始具体而有逻辑性，但还带有很大的依赖性和模仿性，独立而灵活地思考问题的能力不足。课程设计是从问题导入观察有趣的实验现象开始，激发学生的好奇心和探究欲望，进而通过递进式的科学试验过程，对知识点从初步认识到加深认识再到完全掌握的过程。

小学科学课标要求小学三至六年级的学生初步认识地球上的大气的基本情况，证实空气的存在，知道空气是一种混合物，氮气、氧气、二氧化碳等是空气中的主要成分。

五、教学过程

第一阶段：话题导入

在装满水的矿泉水瓶的瓶身扎个小孔，水会流出来吗？想想为什么。

第二阶段：实验与探索

向细口瓶内倒入一半柠檬酸粉末（红色塞子的试管），再倒入一半碳酸氢钠粉末（黄色塞子的试管），然后混合两种粉末。

向纸杯中倒入半杯水备用。

用滴管吸取 2 mL 水滴加到添加了两种粉末的细口瓶中，立刻塞上塑料栓，并用手紧握细口瓶。同时强调注意事项。

利用试管里剩余的一半柠檬酸粉末和一半碳酸氢钠粉末再重复做一次实验，加强学生对“神秘的力量”的实验体验。

观察实验结果并记录下来。

塞上塑料栓的细口瓶里的混合物粉末加水后产生了什么现象？写下你看到的。

想一想为什么会出现上述实验结果，写下你的想法。

第三阶段：现象分析与解释

空气有重力和流动性，大气压力无处不在，细口瓶内的粉末加水后发生了反应，产生了大量的二氧化碳气体，塑料栓承受不住来自瓶内的这股气压，于是就被弹了起来。

第四阶段：结论与拓展

“矿泉水瓶扎孔”和“感受气体的力量”这两个实验证明了大气压的存在。我们生活的地球被空气包围着，包围着地球的空气又叫大气层，厚度上千千米，就像厚厚的被子覆盖着地球。大气的重量全部压在每个人身上，它就是我们今天学习的看不见的“大力士”。

(1) 拓展一(互动环节)：

我们继续观察“矿泉水瓶扎孔”的后续演变：松开瓶盖后，情况发生变化了，瓶身的孔中有水流出来。为什么？

进行“覆杯实验”：将玻璃杯装满水，用硬纸板盖紧然后倒过来，我们能看到什么？

硬纸板不掉落下来的原因是杯内外的气压不一样，当杯子内外的压力差大于硬纸板的重量时，硬纸板就可以不掉落下来。

接下来让学生分组讨论，联系实际发挥想象，再举生活中类似的例子：气球提起杯子、拔罐、抽水机、吸尘器等，摇动加盖的啤酒瓶，打开后气体加液体一起喷涌而出，这就和“气体的力量”有关。

(2) 拓展二(互动环节)：

教师：两个半球合在一起能“变身”为大力士！听上去很厉害的样子，想知道究竟力气有多大吗？那就一起参与马德堡半球实验吧！

六、授课照片

七、评估与反思

教学以探究式为主，分层次、递进式的体验与感知使学生获取科学事实，主动建构科学知识。以实验教学为基础，抓住学生好奇的心理特点，用直观的教学方法，让学生对生活中与大气压有关的现象产生浓厚的兴趣。

弹射球的奥秘

（田敏）

一、教学内容

本课程是在学生感知空气、认识到空气能占据空间后，对气体压强进行探索和求证的一课。基于展项《弹射球》，从多个实验中深入了解展项本身原理。

二、教具

透明塑料袋，黑盒，注射器，水槽，玻璃杯，卫生纸，铁球，吹风机等。

三、教学目标

1. 知识与技能

通过游戏，知道空气虽然看不见，但是可以被我们感知并且存在于我们周围各处；认识空气具有易泄漏、轻、能被压缩等特征；通过模仿游戏了解气体压强。

2. 过程与方法

教学设计突出了以学生为本，全面培养自主合作探究学习的理念。

3. 情感、态度与价值观

培养科学探究过程中的主动参与性，培养积极观察与交流的能力，增加团队协作能力；通过研讨活动，学会倾听他人的意见，分享自己的观点。

四、学情分析

教学对象：三年级学生。

认知特点：因学生处于低年级，认知有限，因此从简单的找空气游戏一步步引入，通过感官去观察感知空气，让学生知道空气是无处不在的，并能够占据空间，为后续课题实验做铺垫。在实验过程中，充分调动学生自主学习的积极性，让学生亲自体验—发现问题—提出问题—解决问题，引导学生完成课题研究。

五、教学过程

第一阶段：课程导入

通过游戏环节“找空气”“压杯入水”导入。

第二阶段：观察体验

体验展项，提出疑问。

第三阶段：实验探究

通过实验增加认知，解释问题。

第四阶段：活动拓展

用已有知识结合生活加深认识。

六、授课照片

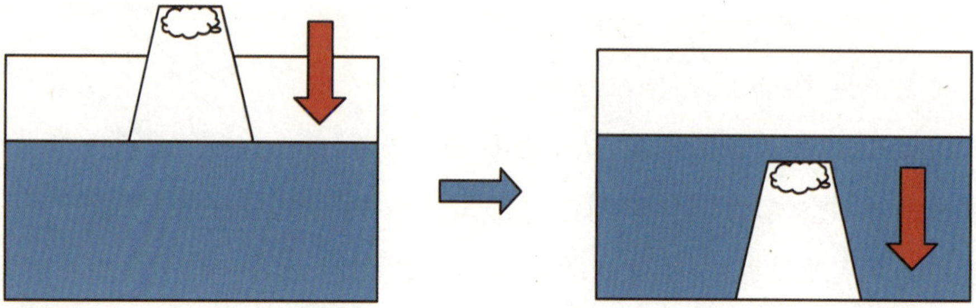

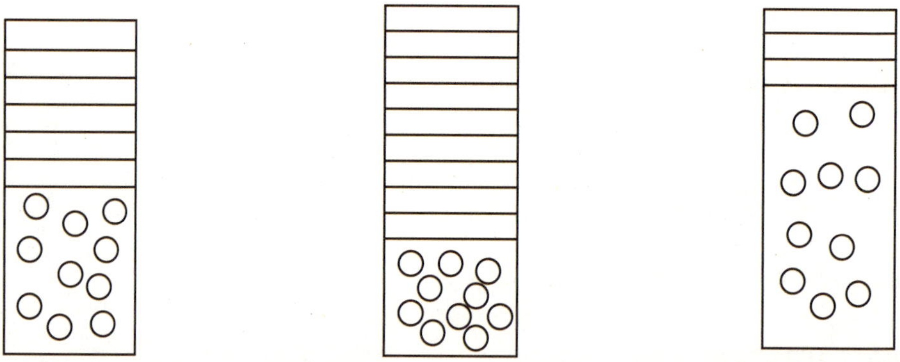

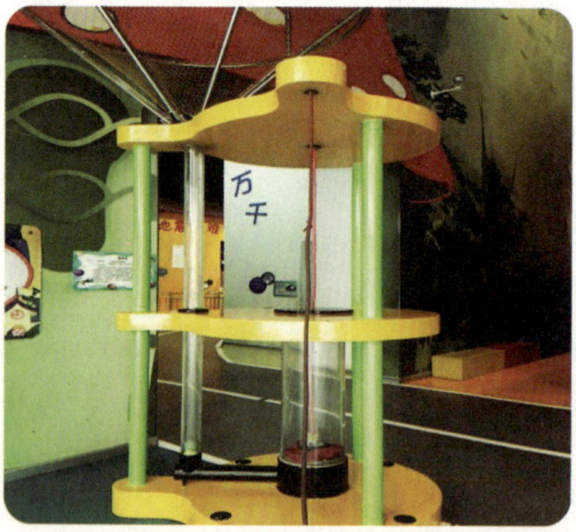

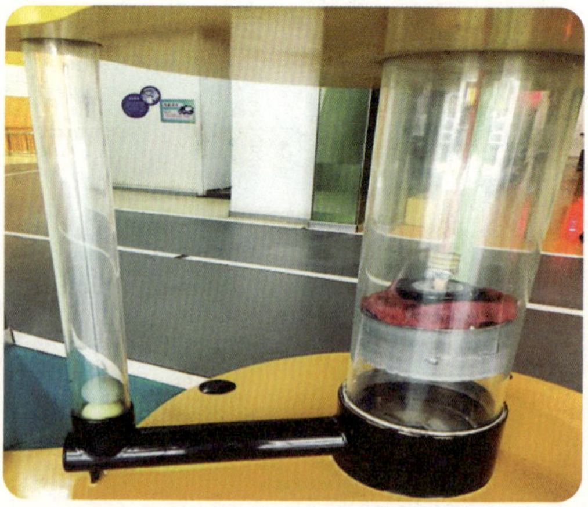

七、评估与反思

本节课非常成功，课程设计突出了以学生为本，全面培养学生自主合作探究学习的理念。在教师一步步引导中，绝大多数学生能掌握所学知识。实验衔接应更紧凑，及时总结知识点。

025

无处不在的大气压

（张胜）

一、教学内容

从生活中的实际现象出发，在科学教师的引导下，通过自己动手探究感知压强差的存在并了解相关知识，最终利用所学知识了解家用吸尘器的原理。通过生活现象的观察及相关实验的证明，从微观角度探查压强差的存在，通过实验分析影响压强差形成的原因及影响其大小的相关因素。能用所学知识解释现象，并对生活当中的一些物品及实例进行解释和改进。

二、教具

塑料杯，海绵盖，吸管，电池盒，电机，扇叶，双面胶片，碎纸屑，家用吸尘器等。

三、教学目标

1. 知识与技能

感知压强差的存在；能从微观角度解释压强差形成的原因；了解影响压强差大小的相关因素；能通过所学压强差相关知识解释生活中的现象。

2. 过程与方法

培养实验能力、观察能力、分析能力以及动手改进的能力。

3. 情感、态度与价值观

增强透过现象认识本质的科学意识；培养主动探索、善于分析的科学态度；激发学习物理知识的热情及热爱科学的好奇心。

四、学情分析

教学对象：八年级学生。

认知特点：八年级学生已经学习了基础的物理知识，并了解一定的器械原理，对家用电器的工作原理非常感兴趣，有一探究竟的好奇心。

五、教学过程

第一阶段：话题导入

以著名的马德堡半球实验及生活中的满水实验为切入口。

第二阶段：现象分析及解释

组织学生参观并体验展项《马德堡半球》，提出大气压的概念并证实大气压的存在。

六、授课照片

七、评估与反思

本节课通过学生的自我操作及细致观察，从展厅中展项入手，利用生活中最为常见的小实验和小制作，实验操作简单明了，实验现象明显。整个过程中学生回答踊跃，思想高度集中。通过本课，学生不仅提高了动手能力和协作能力，而且在实验过程中验证了大气压的存在。最后通过对比实验的方法让学生独立思考影响大气压的各种因素。

得天独厚的生存空间——窑洞

（常佳）

一、教学内容

基于利用窑洞发展旅游业以提高山西某地经济水平的真实问题解决为导向，以“基于工程的项目式学习”为主要教学方法，通过观看科普剧、多感官教学、“做中学”等多样化的活动形式，引导学生运用观察、对比、实验、记录、讨论等方式方法，完成一系列科学活动，注重学科知识领域的相互渗透和联系，让学生通过 STEAM 学习重新认知、了解、热爱和保护家乡的资源，并思考未来本地可持续发展的机遇。

二、教具

红土、黄土、黑土样本，放大镜，水，实验报告单，笔，大小相同的硬质纸，剪刀，垫片，书，搭建窑洞模型可供选择的黄土、砖块、石块、木头，手电筒，盒子等。

三、教学目标

1. 知识与技能

依据窑洞的设计及制作过程了解简单的科学知识原理：拱形结构受力分析，材料学（保温）、黄土高原地质条件、气候条件分析。

2. 过程与方法

通过“分解—体验—认知”的模式，对窑洞进行分解探究，培养学生科学探究的能力，提高学生的实验设计能力；对生活中的科学现象保持好奇心和探究热情；培养科学探究活动中的主动参与性，积极参与交流和讨论，尊重他人的情感与态度，增强团队协作能力。

3. 情感、态度与价值观

培养认真细致、善于思考、善于发现问题、善于动手实践的科学态度，培养创新精神和解决实际问题的能力。

4. 科学、技术、社会与环境

感悟人类的智慧，理解“科学技术的发展影响社会生活”的概念；养成文化自信，尊重中华民族的优秀文明成果，传播和弘扬传统文化；遵循崇尚创新发展、绿色发展等新发展理念。

四、学情分析

教学对象：五、六年级学生。

认知特点：这个阶段的学生通过日常生活的积累，对窑洞有初步认识，知道窑洞是一种传统民居，但是对窑洞背后的科学原理尚不清楚。大多数学生无法将书本知识和日常生活相联系，尚未完成知识的“内化”与知识体系的“建构”。他们有较强的好奇心和求知欲，具有一定的动手能力和科学知识基础，可以对事物的不同维度进行观察并提出探究主题，对工程设计有初步了解，这些都为本次教育活动提供了必备的基础。在教师的引导下，能运用已有知识设计实验，用科学的方式进行分析推理得出结论。

五、教学过程

第一阶段：情境导入

导入情境设定，为整个活动引入主题及教学内容，使学生较好完成搭建窑洞模型并设计新型窑洞的任务。

第二阶段：观察体验

通过观看科普剧、体验展品、动手实验的过程，了解和认识窑洞的设计原理和背后的科学知识，为下阶段新型窑洞设计环节打下基础。

第三阶段：实验探究

完成窑洞模型的制作与新型窑洞的设计。

六、授课照片

七、评估与反思

引导学生掌握工程设计并不是一个线性的过程，它是探究、设计、制作、测试、改进等步骤反复进行的过程，让学生体验工程师的不易。能够将知识与真实情境中的问题相联系，运用工程设计的手段，以团队协作的形式尝试解决问题，理解“科学技术的发展影响社会生活”的概念。

拱 形 结 构

（牛旖旎）

一、教学内容

拱形承受压力时，能把压力向下、向外传递给相邻的部分，使受到的力分给不同的受力点，因此比起单面受力形状的物体来说，拱形能承受的力更大。在生活中我们经常看到拱形形状的物体，在生物体中也能找到许多拱形结构。通过做对比实验的方式让学生更加生动形象地了解拱形结构的受力特点。

二、教具

纸片，塑料薄片，两本一样的书，对半剖开的乒乓球等。

三、教学目标

1. 知识与技能

了解拱形作为一种特殊的结构，能够使强度一般的材料变得“坚硬”，从而使其能承受更大的压力。

2. 过程与方法

培养探究能力、动手能力、独立思考能力，发现生活中的物理现象。

3. 情感、态度与价值观

培养实事求是的科学态度，养成乐于观察、善于总结的科学思维和习惯。

四、学情分析

教学对象：三年级学生。

认知特点：这个阶段的学生尚未在学校接触过物理课程，缺乏科学实验的思路，所以课程要有启蒙性，要在遵循严谨科学实验的同时循循善诱，激发学生对科学的兴趣。

五、教学过程

第一阶段：活动导入

带学生参观二楼展厅《窑洞》展项，让学生自己动手搭建窑洞模型。

第二阶段：实验探究

拱形为什么具有如此强大的力量呢？准备一张 64 开的普通小纸片、两本一样的书和几枚 1 角面值的硬币。先将纸片平放在两本书之间，将硬币放上去，看纸片是否能承受住硬币的压力；再将纸片弄成拱形夹在两本书中间，往纸片上放硬币，观察硬币放置结果和纸片形状。

同一张纸片，变了个形状，为什么就能承受 3 倍甚至更大的力了呢？硬币的压力到底“跑”到哪去了呢？

将两本书换成两个小塑料薄片，重复上述实验的第二步，当将第 3 枚硬币放到拱形纸片上时，两个塑料薄片居然被推开了！这就是拱形结构。

第三阶段：实验拓展

找来两个乒乓球，将它们剖成 4 个半球，取其中的 3 个放在桌上，围成一个三角形，在上面放一本大词典，但乒乓球丝毫没有被压扁的迹象。随后，在词典上放厚厚的一摞书，乒乓球仍然保持原来的形状。

第四阶段：总结归纳

小小的乒乓球能够承受的力相当的大。两个半球形可以组合成一个球形，球形也可以看成是若干个拱形的组合，球形各个方向上都是拱形的组合。

生活中，我们时常可以看到拱形，大到桥梁、建筑，小到安全帽、电灯泡，拱形可谓无处不在，例如，半球形的安全帽，可以使头部在受到重物砸击时将力分散从而防止头部受伤；拱形门窗、圆顶锅盖在增大压力承受能力的同时，又减少了外推力；大型储油罐做成球形，大大增加了安全系数。

六、授课照片

七、评估与反思

小学生注意力持续时间较短，课程要与生活相结合。可以通过让学生自己动手做实验的方式吸引他们的注意力，循循善诱，引发学生思考。

电动玩具车

（王嫔　姚芝芸　崔雯）

一、教学内容

本活动通过山西省科学技术馆机器与动力展厅展项《机械组合》，带领学生认识几种常见的传动装置，分组组织学生选择一种传动装置，结合自己的想法设计一辆电动玩具车，最终探究和比较这些传动装置的基本特征及优缺点。

二、教具

素描纸，铅笔，彩铅，直尺，橡皮，齿轮传动机构资源包，皮带传动机构资源包，链条传动机构资源包等。

三、教学目标

1. 知识与技能

了解常用传动机构的特点；概述其主要特征及应用情境；增强动手能力。

2. 过程与方法

了解科学探索的一般过程；初步掌握观察、实践、对比等科学研究方法。

3. 情感、态度与价值观

树立结构与功能相统一的观念；团队协作，懂得合作和分享；树立自主探究与创新意识。

四、学情分析

教学对象:三、四年级学生。

认知特点:通过对技术与工程领域的学习和生活经验的积累,这个阶段的学生对传动机构的概念已形成初步认识。观察展项以及动手实践,可以帮助他们获得直接经验。

五、教学过程

第一阶段:传动机构初体验

“欢迎来到机械王国!这里是由18种机械结构及应用装置组成的机械组合。要想设计一款与众不同的电动玩具小车,可离不开这些看似简单实则能力爆棚的传动机构!要想成为一名汽车设计师,我们需要借助哪些传动机构,让自己的小车飞速前进呢?”

第二阶段:传动机构初探究

“欢迎各位小小汽车设计师回到我们的创客室!相信通过刚才的体验,大家对各种传动机构有了初步的认识!汽车的传动系统由哪几部分组成?在各种传动机构中,经探究,你认为哪种更适合应用在你设计的玩具车上呢?”请学生选择其中一种进行设计。

第三阶段:传动机构现本领

“经过大家的共同努力,我们终于设计出了属于自己的电动玩具车。小小设计师们,我们现在进行的是玩具车车展!接下来我们将一决胜负!这些小车跑得可真快啊!我们一起来总结一下,为什么它能获得第一名。”

六、授课照片

七、评估与反思

该课程1个月内在山西省科学技术馆累计实施4场次，共40人次参与活动。

电动小车的设计关键在于内部动力结构，在实际教学过程中，教师应引导学生在设计时充分考虑：采用何种传动方式，前驱或后驱（即从动轮安装在前车轴还是后车轴）；马达和电池的安装部位；传动装置的安装部位等。大多数学生在设计时，可能会为了追求速度而设计主动轮大、从动轮小的形式，但实际上，在电动机本身高转速，而车轴由于摩擦等原因速度未能达到的情况下，传动机构选择大轮带小轮，将会浪费大量电力，这样会造成电池、电机的双重损害。因此在设计小车时，需要的不是增速装置而是减速装置，应设计小主动轮带动大从动轮，其中的原理教师可根据实际情况适当加以引导。

撞船事件的真凶——伯努利原理

（杜元元）

一、教学内容

针对小学六年级学生开展依托于展项的教育活动，组织学生通过观察、实验、趣味体验等多种探究手段，结合多媒体等多种教学方式了解并掌握船吸现象及伯努利原理在生活中的表现，并且能够进行科学现象的迁移，培养学生对科学探究的兴趣。

二、教具

长方形纸条，吹风机，乒乓球，圆筒吹风口，气球等。

三、教学目标

1. 知识与技能

了解导致船吸现象的原因，了解伯努利效应；了解伯努利效应在生活中的应用。

2. 过程与方法

通过展项观察引起学生兴趣，通过实践观察激发学生对生活现象和科学的好奇；借助科学对比实验引导学生理性认知，建立正确的科学方法和调查手段；通过趣味实验加深对科学知识的认知程度，能够利用所学回归展项，解释相关科学现象，进行同类科学现象的迁移和延伸。

3. 情感、态度与价值观

理解伯努利原理，尊重客观事物的运动规律，正确并且全面地认知，激发学生对科学的好奇和敬畏，引导学生科学认识世界。

四、学情分析

教学对象：六年级学生。

认知特点：这个阶段的学生对世界万物有了一定的了解，虽然科学认知程度有限，但是能对同类迁移的科学现象进行科学解释，具备旺盛的好奇心，存在足够强的内驱好奇心和任务导向。

五、教学过程

第一阶段：展项初体验

阶段目标：通过体验展项《伯努利原理与飞行》了解船吸现象。

创设情境：以科技馆展项构建学习场景，组织学生参观《伯努利原理与飞行》展项。

第二阶段：寻找"撞船事件的真凶"

通过实际操作和图解分析，帮助学生建立系统的学习思维，整理碎片化的知识点，引导学生构建立体知识网络，最终寻找到"撞船事件的真凶"。

第三阶段：实验探究

向学生提问，构造学生认知和假设的冲突，再次组织学生进行科学实验，并帮助学生得出结论，验证假设的真伪。

第四阶段：回归展项

引导学生利用所学知识回归展项，解释相关科学现象，进行同类科学现象的迁移和延伸，清楚地分析和解释其他展项表达的内容，对伯努利原理有更深、更系统的认识。

第五阶段：伯努利原理在生活中的应用

以生产和生活中的实例为对象，用科学知识解释其中的原理，培养学生发现问题和解决实际问题的能力。

六、授课照片

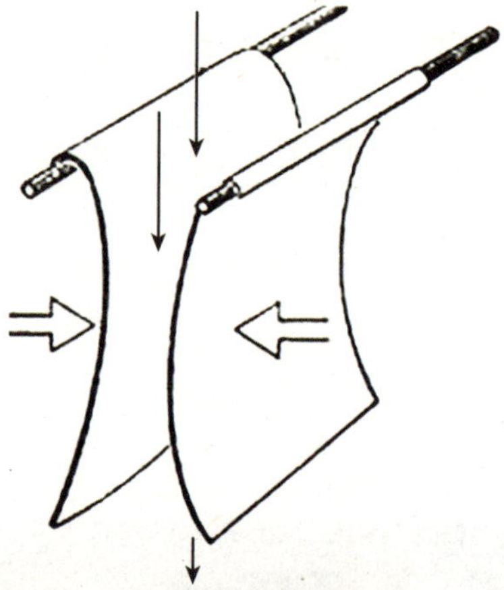

七、评估与反思

大部分学生能理解船吸现象发生的原因，对伯努利原理有基础的认知，少数学生对于伯努利原理的延伸应用存疑，希望学习更多相关力学知识。总体对实验及互动环节反应较好。

滑动与滚动

（范瑾）

一、教学内容

本节课主要是让学生了解摩擦力的大小与运动方式（滑动与滚动）的关系。由两项活动组成：一是测量物体的滑动摩擦力和滚动摩擦力；二是制作滚珠轴承。通过这些活动，使学生更好地理解摩擦力的大小与运动方式（滑动与滚动）有关，相同情况下滚动摩擦力小，滑动摩擦力大。

二、教具

弹簧测力计，小钢珠，胶带，纸，直尺，矿泉水瓶，筷子，胶枪，两个瓶盖（一大一小），细绳，学习单等。

三、教学目标

1. 知识与技能

了解摩擦力的大小与运动方式（滑动与滚动）有关，相同条件下滚动摩擦力比滑动摩擦力小。

2. 过程与方法

能设计并操作滚轮滑动与滚动的摩擦力比较的对比实验，通过实验，能解释物体运动和停止的原因；会用简单物品做一个简单的滚珠轴承。

3. 情感、态度与价值观

通过感受实验，记录真实的实验数据，认识科学的严谨性，养成从小学科学、爱科学、用科学的良好习惯。

四、学情分析

教学对象：五年级学生。

认知特点：这个阶段的学生对于“摩擦力的大小与运动方式是滑动还是滚动有很大的关系”的认识多源于感性的生活经验，而对于这二者之间的差别到底有多大，并不十分清楚。通过引导学生动手动脑开展探究活动，使他们认识到：物体有滑动与滚动两种运动方式；相同的物体，滚动时摩擦力小，滑动时摩擦力大。同时学会以求真务实的科学态度面对学习与生活，感受科学探究的价值，体验成功的快乐。

五、教学过程

第一阶段：情境导入

通过熟悉的生活现象，创设问题情境，激发探究兴趣，使学生直观地了解什么是滑动摩擦，什么是滚动摩擦。

第二阶段：实验探究

实验测量小车轮子滑动时和滚动时的两种摩擦力，让小车轮子滑动前进和滚动前进操作起来很容易。真正的汽车就是正常行驶时轮子滚动，急刹车时轮子在地上滑动。学生对小车“行驶”“刹车”两种情况下摩擦力大小的差别一般估计不到，实验会给学生留下很深的印象。

实验结论：摩擦力的大小和滑动、滚动有关系，轮子滚动前进的摩擦力小，轮子滑动前进的摩擦力大。

第三阶段：交流探讨

滚珠轴承的应用非常广泛，是把运动由滑动变成滚动的机械装置。根据儿童的特点，让他们自己动手做一个“滚珠轴承”，是帮助学生更好地认识滚珠轴承的作用的一种方法。通过活动体验，学生能清晰地认识到滚动摩擦力小于滑动摩擦力以及润滑剂在降低摩擦力中所起到的重要作用。

六、授课照片

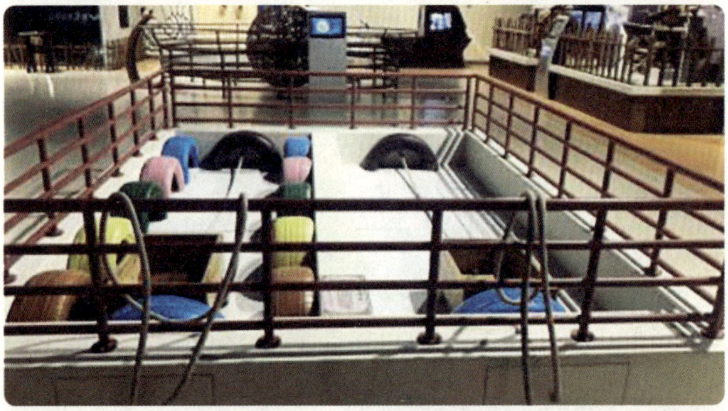

七、评估与反思

起始环节的教学情境设计引导学生从生活现象中、从活动和体验中提出本节课要研究的问题，简单有效。而后通过实验让学生认识到滑动产生的摩擦力大于滚动产生的摩擦力。课程的整体设计以培养学生的科学素养为宗旨，着眼于满足学生的好奇心与求知欲，精心设计的有结构、有梯度的探究活动，使学生对“相同的物体，滚动的摩擦力小，滑动的摩擦力大”的认识程度由浅入深，不断提升探究能力、动手操作能力、合作交流能力，培养认真严谨的科学态度。

“动”起来，你“能”行

（刘统达）

一、教学内容

本活动以运动与能量为主题，围绕山西省科学技术馆《无与“轮”比》展项，从问题开始挖掘，如：物体的运动跟什么因素有关？运动中的物体是否具有能量呢？学生通过动手实验进行深度学习，在掌握力与运动、运动与能量的相关知识的同时，了解科学思维方法在探究中的重要作用。

二、教具

音叉（含橡皮槌），小车，斜面贴有刻度纸的短条木板，小木块，绳子，曲别针，垫圈，计时器，贴有刻度纸的长条木板等。

三、教学目标

1. 知识与技能

力可以使静止的物体运动，使运动的物体静止；运动的物体具有能量，同一物体的运动速度越大，具有的能量也越大。

2. 过程与方法

研究拉力大小与小车运动快慢的关系，用实验数据证明自己的推测。

3. 情感、态度与价值观

基于已有经验和知识做出假设，进行建构，培养学生设计实验的能力；体会生活中能量无处不在，并且以各种形式存在。

四、学情分析

教学对象：三、四年级学生。

认知特点：这个阶段的学生对力、运动、能量已经有了一定的感性认识，生活中他们已经在使用“能量”这个词。他们知道发光、发热的物体是有能量的，生活中的汽车行驶是需要能量的，也听说过光能、水能、风能、声能、电能等，但是还没有一个关于能量更具概括性的定义。另外，对运动的物体是否具有能量、运动的物体具有的能量大小跟哪些因素有关，学生的认识比较模糊。

五、教学过程

第一阶段：课程导入

结合展项《无与“轮”比》，设计“吹小车”游戏，激发学生探究小车行驶的快慢与什么有关的兴趣，引入教学内容。

第二阶段：实验探究

学生自主设计实验，探究验证力与运动的关系：拉力大小与小车运动快慢的关系（用垫圈的重力作拉力）。

第三阶段：实验解释

引导学生对实验结论及实验过程进行解释。要使静止的小车运动，就必须对小车施加力，垫圈达到一定数量也就是说拉力到达一定程度时，小车才会运动起来。结合实验数据我们会发现，垫圈少、重力小，则拉力就小，小车运动的慢；而垫圈多、重力大，则拉力就大，小车运动的快。

第四阶段：实验验证

引导学生实验验证运动与能量的关系。第 1 次用橡皮槌轻轻地敲击音叉，第 2 次用橡皮槌重重地敲击音叉，分别仔细听两次音叉发出的声音，并且用手触摸音叉，说一说两次实验的现象有什么不同。

第五阶段：实验总结

引导学生对本次实验结论及实验过程进行解释，发现运动的物体有能量；同一辆小车，也就是同一个物体，运动速度越大，能量越大。

六、授课照片

七、评估与反思

1. 小组合作培养学生学习能力

各小组成员之间的合作学习包括任务合理分配，效率的提高，积极思考问题，提高实践能力等，同时让学生在学习中收获更多的知识。教师让各小组之间相互比赛，鼓励学生在活动中寻找问题，解决问题，对于发现问题的小组或学生给予适当的鼓励，培养学生的探索意识。

2. 注重对科学假设的总结

通过假设的提出、实验的重演，有的同学可能已经认识到生活经验的不可靠性，理解了实验过程中提出假设的重要意义，整个假设过程的提出包括“学生收集已有的知识和经验—将信息和猜想的问题进行比较、分析、归纳、概括—研究问题的假设性结论—用实验证明这种假设性结论—用合适的语言表达出来”，其中也包括学生对多种思维方法的利用，比如归纳的方法、联想的方法、类比的方法等，但是由于学生年龄较小且经验不足，通常对这种猜想或者假设的方法认识比较模糊，教师应该多举行此类探究活动，从中总结经验，进一步提高学生的综合学习能力。

3. “深度学习”从“问题”开始

深度学习是指学生在充分理解知识概念的基础上将新的知识和旧的知识结合起来，从浅层问题一点点探索，最终能够形成举一反三的能力。深度学习中的知识理解、问题解决都与核心素养教育理念中的中心思想不谋而合。体会科学家进行科学研究时的理想实验法，学生可以在其中进行深度学习，从“问题”开始挖掘，领会科学知识，提高自身的综合能力。

骑共享单车，解科学奥秘

（张哲侨）

一、教学内容

把共享单车中的物理知识与学校课程、科技馆展品相结合，通过已有的相关物理知识，让学生在分析问题和解决问题中尝试运用科学知识和科学研究方法。经历探究过程，具有初步的科学探究能力，乐于参加与科学技术有关的活动，有运用研究方法解决实际问题的意识。保持探索科学的兴趣与热情，在参与活动的过程中获得成就感。

二、教具

第一代、第二代共享单车，《轴承的演变》展项，《无与“轮”比》展项，《车轮的历史》展项，《磁生电》展项，《太阳能飞机》展项，《机械组合》展项等。

三、教学目标

1. 知识与技能

了解共享单车外部结构和功能等特点；概述共享单车所使用的机械运动和力、电、磁的相关知识；掌握获取、处理、运用信息与知识的技能和实验、观察的技能。

2. 过程与方法

了解科学探索的一般过程；初步掌握观察、实验和对比等科学研究方法。

3. 情感、态度与价值观

树立结构与功能相统一的观念；团队协作，懂得合作和分享；树立自主探究与创新意识；树立科学服务于人类、科学可持续发展观念，感受科技改变生活。

四、学情分析

教学对象：八、九年级学生。

认知特点：这个阶段的学生通过对力学、电学的部分学习和生活经验的积累，已初步了解机械运动和力、电的相关知识。但这种认知还停留在“间接经验”层面，只有转换为“直接经验”才能加深对问题本质的认识。考虑到学生已具备一定探究性学习的经验，采用探究的形式开展活动，这样不仅能激发其学习兴趣，还有助于培养他们分析问题和解决问题的能力。

五、教学过程

第一阶段：活动前讨论、观察

通过观察共享单车，参观机器动力展厅展品展项，对探究对象形成初步认知。

通过体验骑行、观察车身对比第一代、第二代共享单车的异同点，头脑风暴，畅所欲言，填写活动前记录单并回答相关问题。

第二阶段：由绿色出行的话题引入，激发探究兴趣

共享单车一夜之间风靡全国，给大家的出行带来了很大的便捷，同时适应了绿色出行的这个时代潮流。作为“新四大发明之一”，你对它熟悉吗？共享单车为什么这么受欢迎，使用率这么高呢？可以联系活动前收集到的信息，进行大胆猜测。

第三阶段：活动探究

从三部分对共享单车进行探索，包括“一看”（观察共享单车）、“二感”（亲自体验试骑）、“三解”（联系相关展品解密其中原理）。

第四阶段:分享与总结

总结相关知识点,联系所学知识对应相关展项,分析这些科学原理在共享单车上的应用。

第五阶段:活动后任务

假设你要向外国朋友介绍共享单车,要从几个不同方面来总结今天所学到的知识、共享单车的科学原理或者相关展项内容,也可以联系生活来叙述,你会怎么介绍呢?

六、授课照片

链传动

太阳能发电

七、评估与反思

在活动中对学生进行观察，发现以共享单车和绿色出行为切入点，能较好地调动学生的积极性，围绕话题展开讨论，主动发表自己的想法。探究环节学生参与度最高，活动过程中都能围绕共同目标与其他学生展开充分交流，完成探究任务。在分享交流环节，学生能全面地展示并介绍自己的成果，认真聆听其他人的介绍，提出疑问。针对活动后的任务，学生对“联系生活”较为感兴趣，活动结束后便有部分学生讨论共享单车物理知识在什么地方还应用过。

活动结束后，进行课堂随访。反馈集中体现为：话题贴近生活，探究实验新颖，活动内容丰富、真实可触摸，玩有所学，学有所思。部分学生对山西省科学技术馆的主题活动表现出较大兴趣，希望今后多参加类似的教育活动。

谁动了我的小球?

（魏本醒）

一、教学内容

本教育活动以“影响沉浮的因素”为主题，围绕山西省科学技术馆《鹦鹉螺是大自然造就的潜艇》等展项，梳理出关于浮力、重力、密度和体积的科学概念和原理，采用探究式学习，组织学生开展展品探究、动手制作等活动，从而实现分析、归纳、解释物体沉浮原因的目的。

二、教具

序号	物品名称	规格	数量	序号	物品名称	规格	数量
1	钢球	10 g	2个	9	水	2 L	1桶
2	木球	10 g	2个	10	食用油	2 L	1桶
3	泡沫球	10 g	2个	11	木块	4 cm×4 cm×8 cm	4个
4	橡皮泥球	10 g	2个	12	厨房秤	3 kg	1个
5	钢球	100 g	2个	13	量杯	1000 mL	4个
6	木球	100 g	2个	14	水槽	56 cm×37 cm×15 cm	4个
7	泡沫球	100 g	2个	15	小刀		2把
8	橡皮泥	10 g	20盒	16	白板笔		2支

三、教学目标

1. 知识与技能

通过研究潜水艇，了解改变浮力与重力的大小，物体可以自由地沉浮。

2. 过程与方法

选择合适的实验材料，找出变量，观察实验装置，记录实验现象，并分析、归纳、解释潜水艇沉浮的原因。

3. 情感、态度与价值观

通过认知冲突激发探究兴趣，培养学生基于实证、敢于质疑、勇于求真的科学态度和科学精神。

四、学情分析

教学对象：五、六年级学生。

认知特点：这个阶段的学生思维方式开始从具体形象思维逐步向抽象逻辑思维形式过渡，基于小学科学课标，让学生在探究活动中推进认知，需要教师为学生提供宽松的思考和猜想的空间，所以教案在设计过程中充分考虑学生的情绪投入与行为投入，融入了游戏的特征，设计成对比实验的形式能更好地加深学生的认知和投入程度，使学生在游戏的环境中学习目标知识内容。

五、教学过程

第一阶段：课程导入

展示一些自然素材(树叶、苹果、石头、海绵等)和一盆水。让学生猜测哪些会浮在水面上，哪些会沉没。根据学生的回答再次提出问题：生活中的船比我们实验中的石头重，为什么船可以浮在水面上，石头却沉入水底了？从而形成认知冲突，激发学生探究兴趣。

第二阶段：实验探究

观看科学家故事《阿基米德与皇冠》的视频，引导学生重新思考，根据所给材料自主设计实验，验证第一阶段猜想——溢出的水量、皇冠材质、液体种类等对物体沉浮现象的影响。

解释：组织学生分享与讨论，引导各探究小组选派发言代表，向其他小组展示本组的探究过程、探究结果等，鼓励对其他小组进行提问或质疑，并记录、整理本小组的探究结论。通过探究，学生可以熟悉控制变量法的应用，也能掌握影响物体沉浮的一些因素，但还缺乏整体认知。

再探究：根据上一阶段讨论总结出的经验和观摩其他组实验的过程，学生可能会考虑到不同材料对比、改变排水量对比的因素，修改或重新设计本组实验。教师可带领学生借助展品展项，继续探寻影响物体沉浮的因素。

第三阶段：总结与提升

总结实验探究过程和实验结论，了解学生掌握程度，并对学生在课程中的表现做出评价。

六、授课照片

七、评估与反思

本活动方案注重引导学生将书本上和教师讲授的“间接经验”转化为从“做”的实践过程中获得的“直接经验”。一个理想化的探究过程应该是学生发现问题，并积极主动投身于探究之中，教师只起辅助作用，并对学生的思维进行提升。可以进一步对展项深度挖掘，不断探索和创新，努力创造出具有科技馆自身特色的非展览型科普教育活动的新模式。

向心力和离心力

（傅丽）

一、教学内容

通过观察、探究、实验及合作交流，让学生了解向心力与离心力的概念及应用等。

二、教具

电机，电池盒及电池，甩干桶，双面胶等。

三、教学目标

1. 知识与技能

了解向心力与离心力的区别和联系。

2. 过程与方法

通过动手制作过程，培养观察力、创造性及团队协作能力，学会运用逻辑思维分析问题。

3. 情感、态度与价值观

对家用电器有初步了解，培养热爱生活的能力。

四、学情分析

教学对象：一至三年级学生。

认知特点：这个阶段的学生对事物有初步认知。

五、教学过程

1. 课程导入

以互相拉手转圈的游戏导入，想一想我们为什么没有飞出去，引出向心力与离心力的概念（向心力是当物体沿着圆周或者曲线轨道运动时，指向圆心的合外力作用力；离心力是一种惯性力，它使旋转的物体远离它的旋转中心）。观看关于向心力和离心力的实验视频，了解它们在生活中的应用。

2. 实验探究

自制小小甩干机。

3. 总结评价

相互交流，让学生在交流的过程中学会聆听。最后对课程进行评价。

六、授课照片

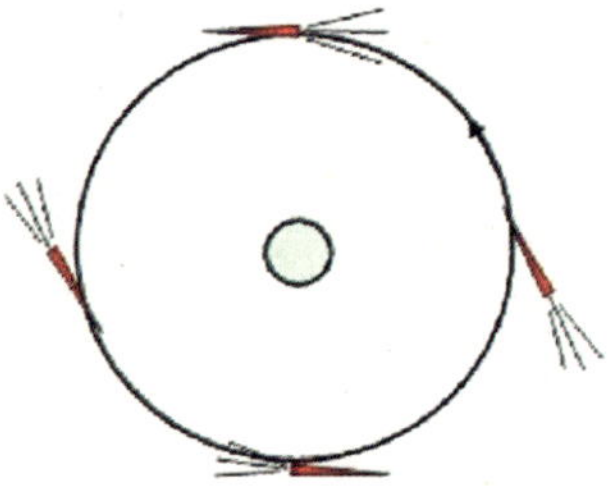

七、评估与反思

学生动手制作甩干机，通电后发现水真的能甩出来，他们感到非常开心，因为通过自己的劳动取得了收获。寓教于乐，能让学生更加轻松地获取知识，对知识认识得更深刻。不过在制作过程中发现此年龄段学生的动手操作能力较低，对日常工具的操作有陌生感，所以平时需加强这方面的锻炼，在实施过程中也应注意安全。

形影不离的作用力与反作用力

（王兰）

一、教学内容

通过游戏激发学生探究兴趣，引入作用力与反作用力的概念。再通过一系列小实验探究作用力与反作用力的特性，引导学生自己动手制作反冲力瓶小火箭。

二、教具

冲天火箭发射器玩具，圆气球，长条气球，打气筒，剪刀，足球，塑料透明收纳箱，螺丝刀，棉线，纸杯，塑料矿泉水瓶，弹簧秤，统计单，学习单等。

三、教学目标

1. 知识与技能

理解作用力与反作用力，能用作用力与反作用力的概念解释日常生活中的现象。

2. 过程与方法

掌握探究实验的一般步骤，培养科学的探究意识和动手能力。

3. 情感、态度与价值观

培养实事求是的科学态度和团结协作的科学精神。

四、学情分析

教学对象：四至六年级学生。

认知特点：这个阶段的学生对力作用于物体可以改变物体的形状和运动状态有一些初步了解，具备一定的探究式学习的经验，初步具备设计探究型实验的能力，对实验结果也会做出一定的分析，这些都有助于本课程的开展。

五、教学过程

第一阶段：课程导入

让学生体验火箭发射器玩具，比比谁可以让火箭飞得更高，激发学生兴趣，引入教学内容。

第二阶段：实验探究

开展小实验，探索作用力与反作用力。通过展厅展品深度体验，研学。通过学习单研究作用力与反作用力的关系。

亲自动手制作反冲力瓶小火箭，进行知识迁移拓展。

六、授课照片

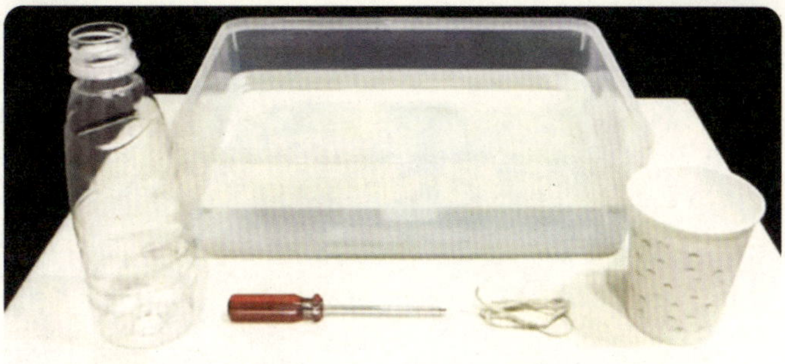

七、评估与反思

本课程将实验、小游戏与科学知识结合起来，有助于提升科学普及的趣味性和有效性，极大地调动了学生参与的积极性。本次教育活动针对物质科学领域的教学内容，以“作用力与反作用力”为主题，综合利用山西省科学技术馆展品《火箭发射与牛顿第三定律》等教学资源，以“基于实验的探究式学习”为教学理念，以体验式学习、多感官学习为教学方法，以游戏、比赛、展品辅导、实验和学习单为主要形式，使学生掌握“猜想—推断—验证—结论”的科学研究方法，培养通过实证检验观点的科学态度。本次课程针对作用力与反作用力这一知识点，查找有关的实验和游戏，选取有探究成分的进行改造，形成了本次教育活动所用的实验和游戏，活动效果理想。

寻找物体的重心

（张哲侨）

一、教学内容

通过生活中常见的扫帚引入问题：为什么扫帚可以立起来？还有什么东西也可以立起来？饮料罐、鸡蛋、比萨斜塔、不倒翁等。原来是重心在“帮忙”。通过实验来和线上观众一起寻找物体的重心，探究寻找不同物体重心的方法。布置游戏任务，通过游戏强化对重心的认识和快速找到重心的方法。

二、教具

尺子，扫帚，拖把棍，水瓶，卡片（规则、不规则），铅笔，杯子，叉子，牙签，易拉罐，水，橡皮筋，起钉锤，筷子等。

三、教学目标

1. 知识与技能

了解重心的概念；探究寻找重心的方法，并尝试找不同物体的重心；学会使用作图法，并了解不规则物体重心该如何寻找；做寻找重心的实验，强化对重心概念的掌握。

2. 过程与方法

引导学生思考扫帚能立起来的原因；提出寻找不同物体重心的方案并尝试改进。

3. 情感、态度与价值观

在了解重心概念的同时，启发学生对重力作用的思考；从规则物体到不规则物体，寻找并尝试用不同的方法探寻物体的重心，培养辩证性思维的能力；在家庭小实验搭建组合过程中，培养创新能力，激发学习兴趣。

四、学情分析

教学对象：五、六年级学生。

认知特点：小学高年级学生对“力作用于物体，可以改变物体的形状和运动状态”有了基本的理解。对重心概念有一定的了解，但是对寻找物体的重心还有所欠缺。

五、教学过程

第一阶段：课程引入

大家是否可以立起扫帚？让学生尝试把扫帚物品立起来，并思考其中的原因。通过尺子实验验证学生是否理解重心概念，加深对重心概念的理解。

第二阶段：实验探究

类似地，和尺子一样，寻找拖把棍的重心。让学生在饮料瓶上立扫帚，加深难度。

自己尝试寻找物体的重心，加深理解。身体右侧从上到下紧贴墙站好。尝试把不贴墙的左脚抬起，看看能不能坚持一会儿。

准备规则的长方形卡片和不规则的卡片来进行重心寻找。利用之前的实验所学启发思考，尝试用不同方法寻找不规则卡片的重心。用悬挂法寻找物体的重心。

第三阶段：活动拓展

用水、易拉罐制作“比萨斜罐”，看看如何能让易拉罐斜着立起来。思考不倒翁不倒的原理是什么。使用橡皮筋、筷子、起钉锤来完成寻找重心的小挑战。

第四阶段：内容回顾

回顾本课所学知识：重心的概念和寻找物体重心的方法。展示自己的小实验、小挑战，和家人分享制作方法和其中的奥秘。除了重心的奥秘，你还能发现什么奥秘？

六、授课照片

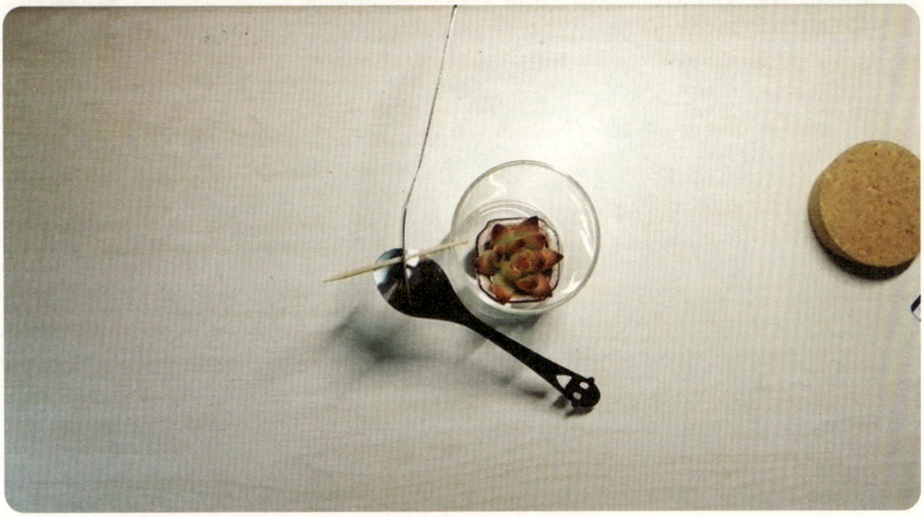

七、评估与反思

小学生不好理解重心的概念，所以就从寻找物体重心的方法开始进行，利用身边现有的工具进行实验。在寻找物体重心的过程中，遇到不规则的物体可选择悬挂法。探究的过程中可以再多一些思维的引导，增加一些悬念和趣味性的内容。

有趣的平衡

（胡雨薇）

一、教学内容

本课程根据《义务教育科学课程标准》中对六年级学生“知道简单机械及其在生产生活中的应用”的要求，组织学生通过观察、实验、趣味体验等多种探究手段，结合多媒体等多种教学方式了解并掌握杠杆原理所包含的数学知识，并且能够进行科学现象的迁移，深度了解杠杆的平衡条件及杠杆原理在生活中的应用，引导学生发现生活中的数学问题，并利用所学知识解决问题，激发学生对生活的关注与热爱。

二、教具

杠杆尺及支架，若干相同的钩码，中性笔，实验记录纸等。

三、教学目标

1. 知识与技能

知道什么是杠杆，能在日常生活中发现杠杆；了解杠杆的平衡条件；理解杠杆原理及其包含的数学知识；体会反比例关系并利用所学知识解决现实生活中的问题。

2. 过程与方法

通过观察展项引起学生兴趣，通过实践激发学生对生活现象和科学的好奇，借助科学实验引导学生理性认知，通过趣味实验加深对科学知识的认知程度；能够利用所学回归展项，解释相关科学现象，进行同类科学现象的迁移和延伸。

3. 情感、态度与价值观

理性地认识杠杆原理及其包含的数学知识，体会数学知识在生活中的应用，引导学生发现生活中的数学问题，用数学的眼光审视生活，进而用所学的知识解决生活中的数学问题，对生活充满关注与热爱。

四、学情分析

教学对象：六年级学生。

认知特点：六年级学生已经掌握基本的比例知识，并且对平衡现象有所了解，但很少对其进行理性分析，更多的是源于生活经验，很难上升到科学的层面。同时具备对平衡现象的好奇心和探索心理，存在足够强的内驱好奇心和任务导向。通过实验让学生初步感受杠杆原理中的数学知识，同时加深对反比例关系的理解。

五、教学过程

第一阶段：话题导入

以科技馆展项构建学习场景，组织学生参观《摇摆海盗船》展项。

第二阶段：实验探究

以动手操作、观察思考和交流讨论为主要学习方法，在教师指导下，操作杠杆尺及钩码，进行多次实验，并完成数据记录，发现规律并进行总结。

第三阶段：调查与探索

组织大家进行相关展项的参观，了解与杠杆原理有关的内容。组织学生进行科学实验，观察杠杆平衡的条件及现象。利用所提供的物品在教室中进行实验，保证实验流程规范，在能够观察到准确结果的基础上，多次记录实验结果，得到反复验证。

第四阶段：现象分析与解释

通过实验了解什么是杠杆，并且在实验中发现左边的钩码数乘以刻度数等于右边的钩码数乘以刻度数，明白杠杆原理中的数学知识，同时发现左边的钩码数乘以刻度数的积不变时，右边的钩码数和刻度数成反比例关系，加深对反比例关系的理解。

六、授课照片

左边		现象	右边	
刻度数	物体个数		刻度数	物体个数
6	1	平衡	1	6
6	1	平衡	2	3
6	1	平衡	3	2

七、评估与反思

课程完成度较高，绝大部分学生可以掌握所学知识，达到教学目标。站在学生的角度，引导学生学习，更要利用好实验让学生理解杠杆原理并且能够利用所学回归展项，解释相关科学现象，最终回归现实，利用所学知识解决现实生活中的问题。

揭秘布朗运动

（魏娜）

一、教学内容

针对九年级学生开展依托于展项的教育活动，根据中学课标中对初中学生分子运动的科学知识目标，组织学生通过观察、实验、趣味体验等多种探究手段，结合多媒体等多种教学方式了解并掌握布朗运动的具体表现，并且能够进行科学现象的迁移，培养学生对物质本质的好奇，并激发学生对化学的关注与热爱。

二、教具

碳粉，花粉，墨水，清水，烧杯，载玻片，盖玻片，显微镜等。

三、教学目标

1. 知识与技能

知道物质是由分子组成的，一切物质分子都在不停地做无规则运动；了解布朗运动的现象以及存在的原因。

2. 过程与方法

通过观察展项引起学生兴趣，通过实践激发学生对生活现象和科学的好奇，借助科学对比实验引导学生理性认知并建立正确的科学方法和调查手段，通过趣味实验加深对科学知识的认知程度;能够利用所学回归展项,解释相关科学现象,进行同类科学现象的迁移和延伸。

3. 情感、态度与价值观

理性、正确且全面地认知物质本质,尊重客观事物的运动规律;激发学生对物理化学现象的好奇,提高学生对科学的兴趣。

四、学情分析

教学对象:九年级学生。

认知特点:初中高年级学生已经基本掌握物质本质规律,可以从微观的角度看待物质本身。但是其科学认知程度有限,并不能将抽象的科学现象具象化,具备对分子运动的好奇心,存在足够强的内驱好奇心和任务导向。

五、教学过程

第一阶段:话题导入

以科技馆展项构建学习场景,组织学生参观《水污染与布朗运动》展项。

第二阶段:调查与探索

(1) 组织大家进行相关书籍的借阅,了解与分子运动有关的内容。组织学生进行社会实践,观察墨水在清水中的扩散、受污染的河水等场景。

(2) 组织学生使用显微镜进行观察。提供清水、花粉、碳粉、显微镜等物品,利用所提供的物品在教室中进行实验,保证显微镜使用流程规范,在能够观察到准确结果的基础上,更换实验用品,进行重复验证。

第三阶段:现象分析与解释

通过实验了解到液态水是由水分子组成的,水分子一刻不停地在做无规则运动。这种水分子的无规则运动就叫作布朗运动。

六、授课照片

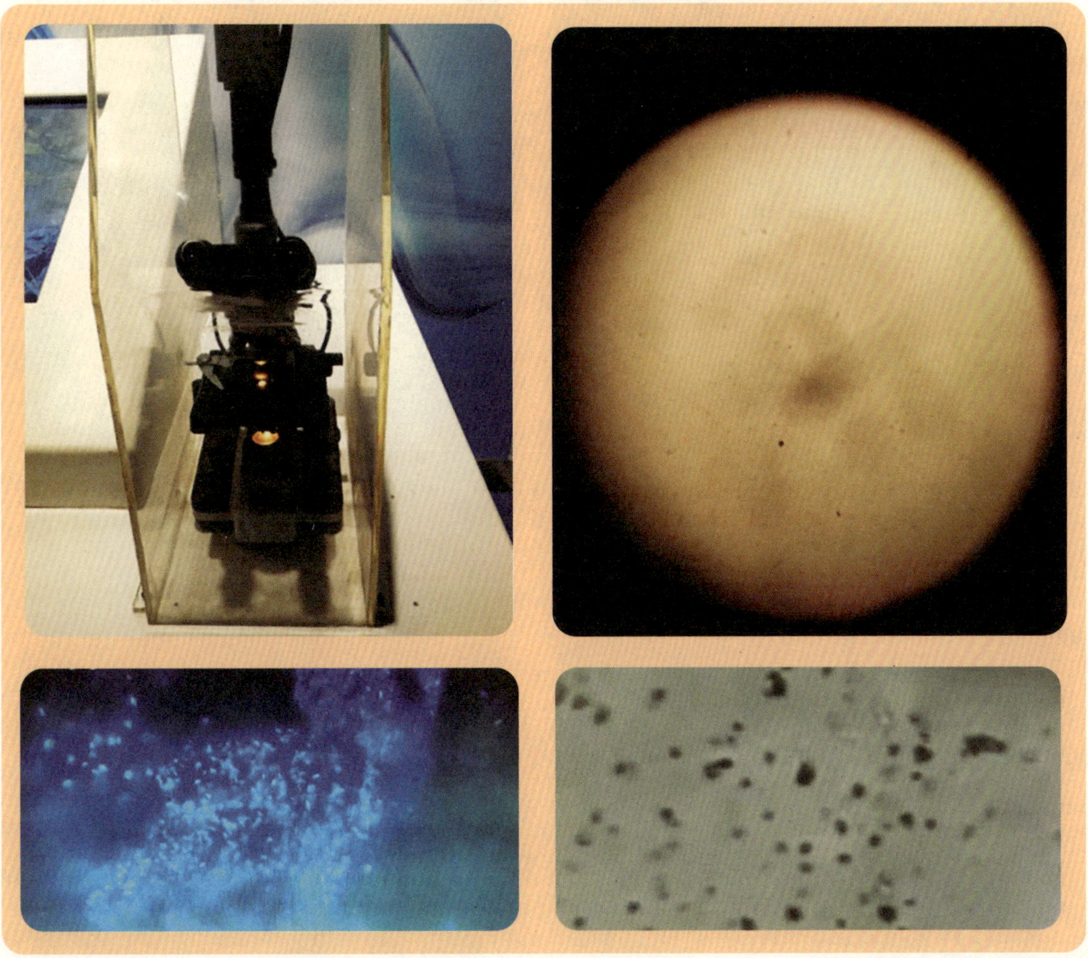

七、评估与反思

课程完成度较高，绝大部分学生可以掌握所学知识，达到教学目标。教师应站在学生的思维角度，引导学生学习，更要利用好实验让学生理解水分子的特性和布朗运动的原理。

4 揭秘声光电磁

039

春天协奏曲——乐器是怎样发声的?

(闫夏)

一、教学内容

针对四至六年级学生,以"乐器的科学"为主题,以实验为主要形式,以体验和讨论学习为主要教学方法,采用多媒体和模型等辅助技术手段,让学生了解乐器的相关科学知识。

二、教具

"刮瓜和卡祖笛"实验箱,乐器玩具各样,音叉,剪刀等。

三、教学目标

1. 知识与技能

了解乐器按发声方式可分为打击乐器、弦乐器和管乐器;掌握响度、音调和音色是乐音的三要素;学会制作刮瓜和卡祖笛这两种乐器。

2. 过程与方法

通过探究"响度与振幅的关系"和"音调与频率的关系",进一步掌握用实验进行分析归纳、演绎推理的方法;提升探究过程中所用到的过程技能,如收集的技能、创造的技能、操作的技能等。

3. 情感、态度与价值观

体会现实世界物体的发声是丰富多彩的，培养学习声乐基础知识的兴趣，提高音乐审美能力；在实验过程中强调发扬团结合作的精神。

四、学情分析

教学对象：四至六年级学生。

认知特点：这个阶段的学生具有小学程度的物理相关知识，认知能力强，对科学知识兴趣浓厚。

五、教学过程

第一阶段：情境导入

通过体验不同的乐器，活跃气氛，创设学习乐器的情境。

第二阶段：实验探究

通过敲鼓、发声齿轮、猜乐器三个小实验，探究学习，掌握响度、音调和音色的科学原理。

第三阶段：动手制作

制作刮瓜和卡祖笛，认识不同的乐器。

六、授课照片

七、评估与反思

该课程在山西省科学技术馆实施 2 场次，共 20 人参与活动。在本节课的设计与实践中，教学难点是深刻体会乐音三要素，教学关键是将抽象的声音用具象的实验现象表现出来。与多媒体相结合，创设合情合理、符合学生心理特点及情感需要的情境，有助于提高学生对这部分知识的感悟和理解。学生通过小组合作探究，将亲眼所见的现象记录下来，并加以比较和思考，加深对科学知识的理解，同时也能产生自己的见解，体验合作学习的乐趣和实验探究的过程，还能从枯燥无味的学习中解脱出来，成为课堂教学的主体。

有趣的声音

（姚芝芸）

一、教学内容

本教育活动是以山西省科学技术馆四层《声音的传播》展项为依托，在了解了声音可以在空气中进行传播后，提出问题："声音在液体中是如何传播的?"以此为切入点，利用多种材料和方法进行实验，通过探究证实声音在水中可以传播。最终确定声音可以在液体中传播，且传播的方向也是朝向四面八方的。

二、教具

蜂鸣器，5号电池，电池夹，小号自封袋，大号自封袋，细线，玻璃水槽，不同材质的汤勺，小石块，酒精，机油，酱油等。

三、教学目标

1. 知识与技能

知道声音可以在空气中传播，并能够利用多种材料和方法进行实验，证实声音在液体中也可以传播。

2. 过程与方法

了解科学探索的一般过程，初步掌握观察、实践、对比等科学研究方法。

3. 情感、态度与价值观

培养团队协作精神，懂得合作和分享，树立自主探究与创新意识。

四、学情分析

教学对象：三年级学生。

认知特点：这个阶段的学生知道水也是自然界中传播声音的媒介，但没有对此深入研究。在学生了解了声音可以在空气中传播的基础上，引导学生进一步探究声音在液体中的传播现象，让学生知道声音也可以在液体中传播，且传播的方向也是朝向四面八方的。

五、教学过程

第一阶段：明确声音可以在空气以及固体中传播

通过参观展项《声音的传播》，了解耳朵听到声音的过程，明确声音可以在空气以及固体中传播，并提出声音是否可以在水中传播的问题。

第二阶段：实验探究

引导学生思考，通过对比实验的深入探究，得出相应的结论。用实验来证明声音确实可以在水中传播。

第三阶段：总结汇报，课后拓展延伸

对实验结果进行归纳梳理，总结汇报。

六、授课照片

七、评估与反思

本活动方案注重引导学生将书本上和教师讲授的“间接经验”转化为从“做”的实践过程中获得的“直接经验”。一种理想化的探究过程应该是学生发现问题，并积极主动投身于探究之中，教师只起辅助作用，并对学生的思维进行提升。在本教育活动中，注重学生体验科学探究的一般过程，即发现问题、提出假设、设计方案和制订计划、实验和收集证据、分析讨论、得出结论，使学生将此探究方式内化。

“看得见”的声音

（赵曦明）

一、教学内容

通过观察、探究、实验及合作交流，让学生认识声音、“看见”声音，了解声音在不同物质中的传播效果，学会制作留声机。

二、教具

纸杯，气球，镜子，激光笔，音叉，铝箔，棉线，尼龙绳，木尺，圆盘，马达，皮带，缝衣针，铝材支架，铜条，饮料瓶，充电器等。

三、教学目标

1. 知识与技能

了解声音是以波的形式传播的；了解声音在不同物质中的传播效果不同；了解声音的产生与传播的原理。

2. 过程与方法

体会用对比法和探究性的实验方法学习物理知识，借助想象和实验，对声音传播的方式进行描述；设计声音在不同物质中的传播实验，对声音在不同物质中的传播情况进行比较。

3. 情感、态度与价值观

通过对物理现象的分析，激发学习物理知识的热情，正确理解生活中的物理知识；学会协作交流，形成积极向上、主动思考的学习习惯，体现自我价值。

四、学情分析

教学对象：七年级学生。

认知特点：这个阶段的学生对声音的产生原因有初步的了解，但很难理解声音的产生与传播的原理。因此本课程的教学目的是通过用不同的物质做实验，使学生逐渐理解这一现象背后的物理原理。

五、教学过程

第一阶段：认识声音、“看见”声音

通过小实验了解什么是声音，引导学生了解声音是怎样产生的：所有的声音都是由振动产生的。

第二阶段：深入探究声音在不同物质中的传播效果

通过玩土电话，了解声音在不同物质中的传播效果不同。声音是以波的形式传播的。

第三阶段：制作留声机

通过观看模型，了解人类语言的生理学基础，并制作留声机将声音记录下来。

六、授课照片

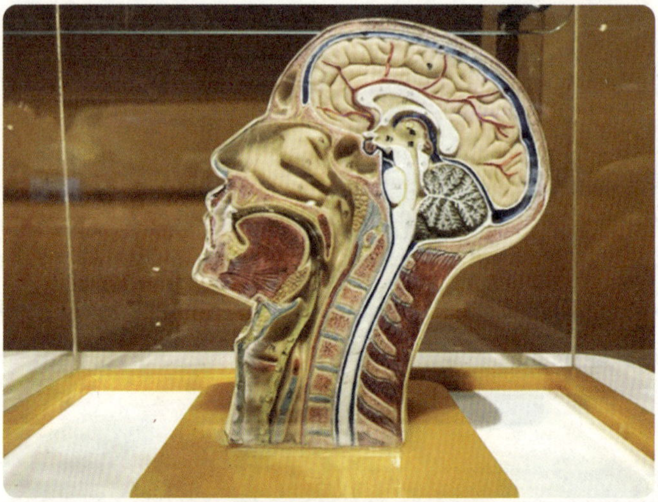

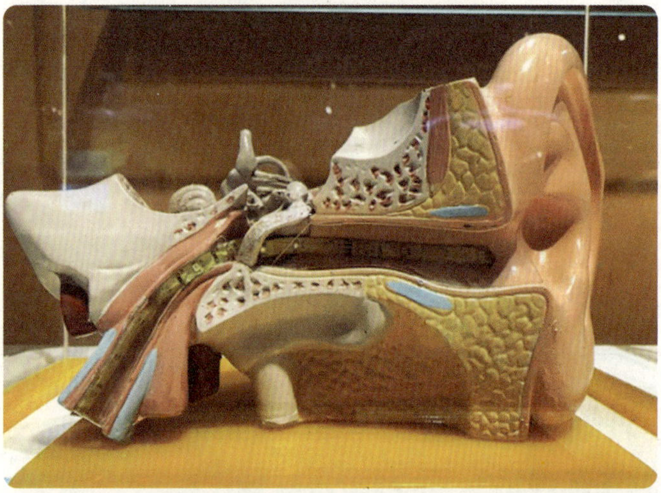

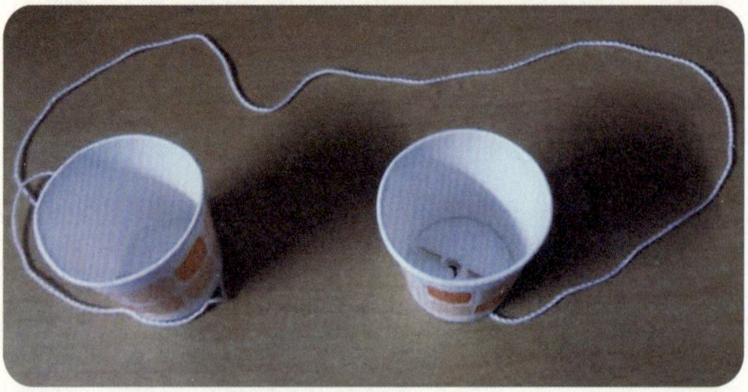

七、评估与反思

在这一系列的探究活动中，学生的思维始终处于一种自发的能动状态，对于振动产生声音又多了更深层次的理解。学生在学习的过程中，有时会提出一些教师事先无法预料的问题，比如，把气球弄爆产生声音有没有振动等等。这些问题是学生在探究活动的过程中产生的疑问，是他们思维的闪光点。对于那些能够在课堂里解决的，应给予学生足够的空间和时间去探究，逐渐培养学生的科学探究能力，帮助他们更好地学习概念。对于那些一时无法在课内解决的问题，应当引导学生理清思路，利用课余时间自己动手寻找答案。这样不仅可以充分调动学生上课时的思维积极性，更可以培养他们爱好科学、善于思考、勤于实践的优秀品质，达到事半功倍的效果。

“声”上云霄

（傅丽）

一、教学内容

通过用废旧材料手工制作模拟蜂鸣器，测试两种大小不同的蜂鸣器的分贝大小，了解蝉发声的部位和声音忽高忽低的原因；了解声音振动原理和音调高低的不同。

二、教具

剪刀，铅笔，订书机，胶带，废旧纸张，卫生纸筒，一次性纸杯等。

三、教学目标

1. 知识与技能

了解声音是怎样产生的；知道什么是共鸣以及声音高低的原因。

2. 过程与方法

通过探究过程培养学生对科学的兴趣。

3. 情感、态度与价值观

科学动手动脑，培养动手实操能力，鼓励学生运用科学思维理解生活。

四、学情分析

教学对象:所有观众。

线上播出,旨在让大家不出门就可以学到科学知识。

五、教学过程

第一阶段:课程导入

通过观看蝉的腹部发声器发声的相关视频,了解气囊共鸣器,进而了解气囊共鸣器的大小对声音大小的影响。

第二阶段:实验探究

拿一次性纸杯和卫生纸筒模拟制作蝉的气囊共鸣器,通过对比声音分贝的大小知道声音是怎样产生的,以及声音高低的原因。

第三阶段:联系生活

联系生活中的例子,理解生活中的现象。

六、授课照片

剪刀
铅笔
订书机
胶带
废旧纸张若干
卫生纸筒
一次性纸杯4个

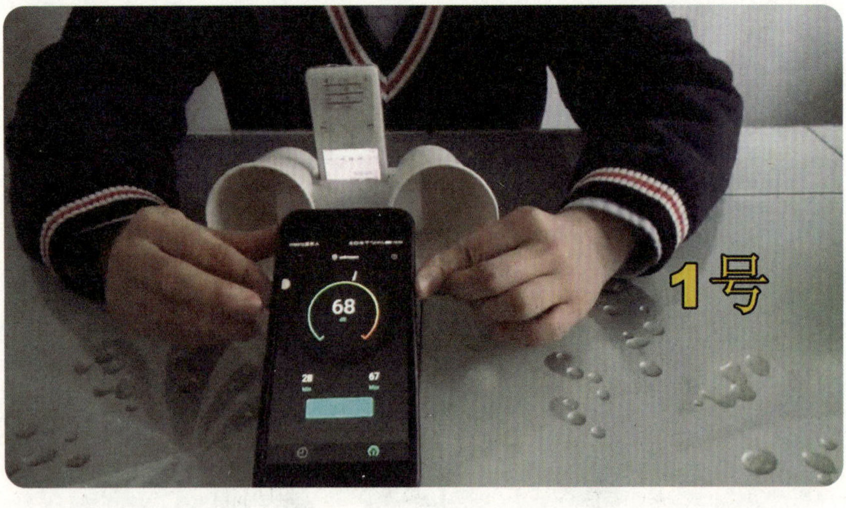
68
1号

七、评估与反思

在制作卫生纸筒共鸣腔时注意要相同长度、不同宽度，制作过程中注意不要有破损，否则会影响实验效果。测量分贝时需在同一位置。

043

解密凸透镜

（孟薇）

一、教学内容

通过观察、探究、实验及合作交流，让学生了解不同的透镜，了解透镜的分类、性质和特点，能正确区分生活中透镜的应用，学会用多种方法制作放大镜。给学生创设自己探究的学习氛围，体现学生的主体地位；培养学生的观察能力、动手能力和理解能力。

二、教具

水，彩铅，彩纸，不同的透镜，马克笔，圆板，剪刀，彩泥，注射器，盛水杯，保鲜膜，纽扣，胶枪，纸盒，塑料瓶等。

三、教学目标

1. 知识与技能

能够区分凹凸透镜的形状以及特性；了解透镜在生活中应用的实例；动手制作放大镜。

2. 过程与方法

透过水杯看文字，观察字的改变，从而激发学生兴趣；通过动手实践和分类讨论掌握两种透镜的外形和特点，了解透镜的分类以及实际生活应用；以小组协作的方式，制作放大镜并利用放大镜制作投影仪，提高学生举一反三、团结互助的能力，培养学生系统的实验操作流程；充分调动学生自主学习能力，引导学生动手动脑；小组分工合作，利用学生资源包中的各种材料完成动手制作任务；从细微处着手，从身边物件出发，锻炼学生仔细观察、善于思考的能力；从凸透镜到放大镜再到投影仪的制作，培养学生融会贯通、循序渐进认识事物的能力。

3.情感、态度与价值观

科学动手动脑，培养学生的动手实操能力，教育其认真观察、对待身边事物；因材施教，通过情景式教学手法，“学中做”，“做中学”，培养自我探索、团结协作的思想观；养成良好的学习习惯，认真观察每件小事，发现生活中到处是科学，科学就在身边。

四、学情分析

教学对象：四至六年级学生。

认知特点：对照小学科学课标，从两方面来开展课程，分别是放大镜和显微镜。在学校的学习中，学生已掌握部分相关知识，但是掌握的程度以及深度受到教育场地的限制，学习效果也大打折扣。在此基础上，利用场馆教育的先天优势，以立德树人的要求培养小学生的科学素养，为他们继续学习和终身学习发展打好基础。

五、教学过程

第一阶段：透过水杯看世界，激发参与兴趣

从有趣的现象导入，激发学生的兴趣。思考讨论让学生印象深刻，主动探索答案。

第二阶段：了解透镜的分类、性质和特点

让学生动手对透镜进行分类，考察其观察能力和总结概括能力，吸引学生注意力，使其提高学习效率。将科学知识融入其中，使思考与实践相关联。

第三阶段：动手制作放大镜和投影仪

分为集体制作、学生自制以及可选的拓展制作三部分，根据学生不同的领悟能力和行动力来完成此次课程。

第四阶段：了解生活中的透镜

根据所学知识了解生活中的透镜，并解决相关问题。

六、授课照片

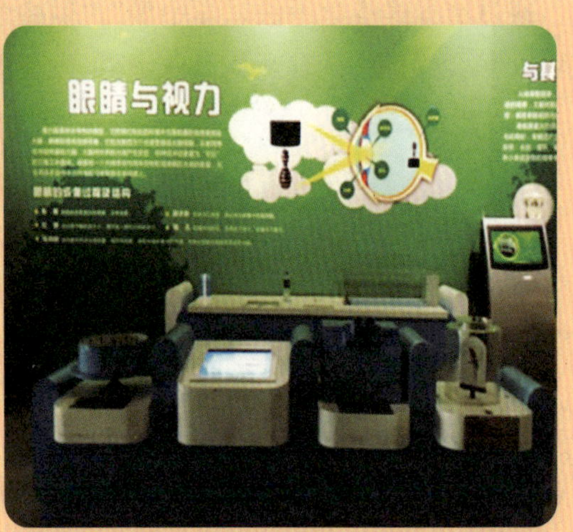

七、评估与反思

本课程注重受众体验，促进全面发展，学生亲身经历科学研究的一般过程，在锻炼动手能力、团队协作能力之余激发无限创造力。

044

半米到底有多长？

（郝思远）

一、教学内容

了解距离单位——米；探究展项《窥视无穷》的原理；由浅入深探究平面镜、半透半反镜的原理。

二、教具

尺子，卷尺，平面镜，半透半反镜，多色激光笔，人偶小模型，透明气球，双面胶，固体胶，LED 彩色灯带，胶带，支架，彩笔等。

三、教学目标

1. 知识与技能

认知距离单位——米，并且熟练运用；明白展项《窥视无穷》的形成机制。

2. 过程与方法

了解科学探索的一般过程；初步掌握观察、实验等科学研究方法。

3. 情感、态度与价值观

培养学生的好奇心和尊重科学、热爱科学的态度。

四、学情分析

教学对象：五年级学生。

认知特点：这个阶段的学生通过对教科版小学五年级《科学》上册中“有关光的思考”等课程的学习及生活中的经验累积，对光和部分光学仪器有初步了解。

五、教学过程

第一阶段：课程导入

通过实物设置情境，抛出问题“半米到底有多长”，探究“半米”问题，初次探究平面镜、半透半反镜和展项《窥视无穷》的原理。

第二阶段：实验探究

深入了解展项中的神奇镜子，探究平面镜、半透半反镜。沉浸式、体验式探究平面镜和半透半反镜的原理，深化理论认知，最终动手制作巩固知识。

六、授课照片

七、评估与反思

本次授课过程中，充分调动学生积极性，让学生主动观察、动手实验、提出猜想、验证猜想，同时让学生掌握控制变量法，认知单位——米，并能熟练运用。在游戏互动环节，应当再加强规则的细化，强调纪律问题，让课程更加流畅。

宇宙的距离

（刘斌）

一、教学内容

通过观察、探究、实验及合作交流，让学生了解宇宙的距离测量和我们生活中是不一样的，思考如何测距；通过放大与缩小，进而掌握相似三角形的知识；掌握拇指测距法并了解各种天文测距的方法。

二、教具

直尺，量角器，A4 纸，笔，手机，卷尺等。

三、教学目标

1. 知识与技能

了解经过放大或缩小的图形各边之间的比例不变；了解各种天文测距的方法。

2. 过程与方法

培养科学探究过程中的主动参与性，培养积极观察与交流的能力；了解科学思维，学会用数学方法解决实际问题。

3. 情感、态度与价值观

乐于观察、实验、总结科学现象；实事求是，敢于表达修正观点；善于合作分享。

四、学情分析

教学对象：五、六年级学生。

认知特点：这个阶段的学生通过对小学科学课中“光”、四年级数学课中“三角形”的学习及生活中的经验累积，了解到光沿直线传播、光有速度，也了解一些三角形的边、角的相关知识。同时，他们多为被动接受信息，而缺乏主动探究的能力，且专注力尚未完全成熟，难以完成枯燥的学习过程，故选择了有趣的“三角投影”“模拟炮手”等环节，增强学生兴趣，培养团队合作精神。

五、教学过程

第一阶段：课程导入

通过展项《银河系在旋转》引入，了解宇宙中的天体之间的距离非常遥远，从而引出如何测量天体的距离的问题。

第二阶段：放大与缩小

认识生活中的放大与缩小，了解图形经过放大与缩小后比例不变的特点，为学习三角视差法打下基础。测量经过手电放大投影的三角形和原三角形的区别。

第三阶段：神奇的拇指测距法

学会利用双眼的视差构造三角形的方法，把真实世界简化为数学模型，并了解炮手用拇指测距的原理。用三角视差法测量科技馆六楼廊桥的长度。

第四阶段：天文测距的方法

了解各种天文测距的方法：三角视差法、激光测距法、亮度视差法和光谱红移法。

六、授课照片

银河系在旋转

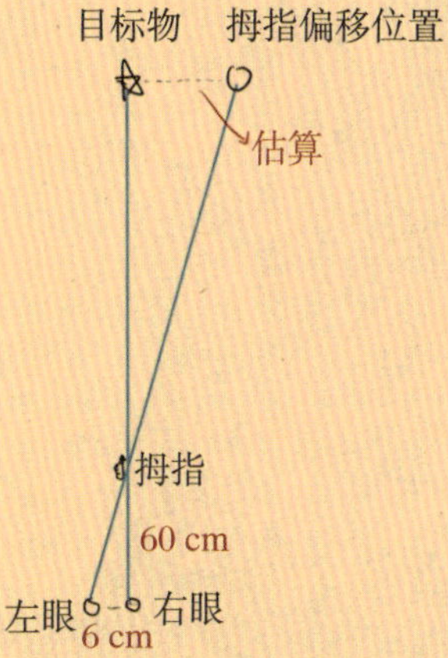
目标物
拇指偏移位置
估算
拇指
60 cm
左眼
右眼
6 cm

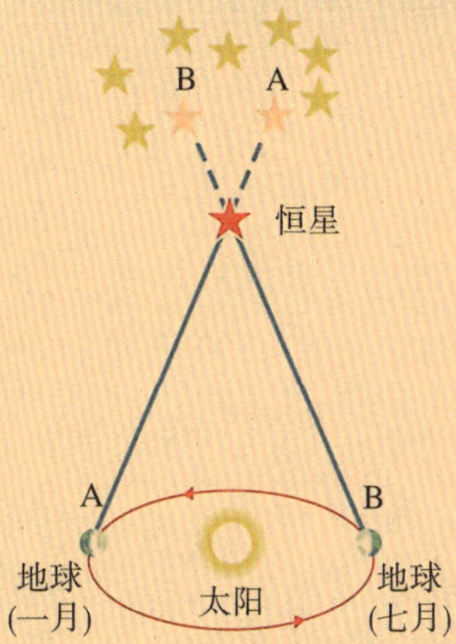
B
A
恒星
A
B
地球
(一月)
太阳
地球
(七月)

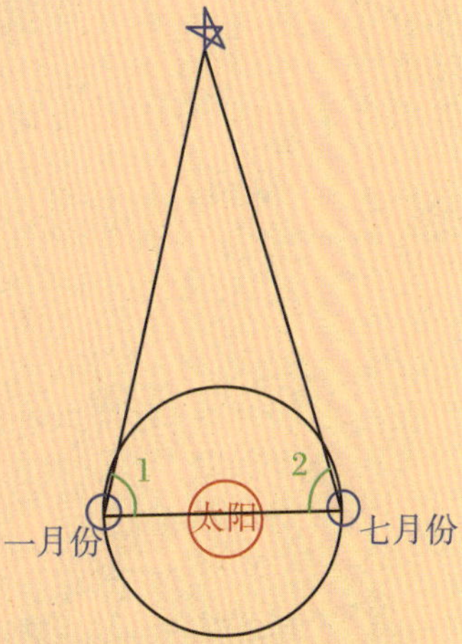
1
2
一月份
太阳
七月份

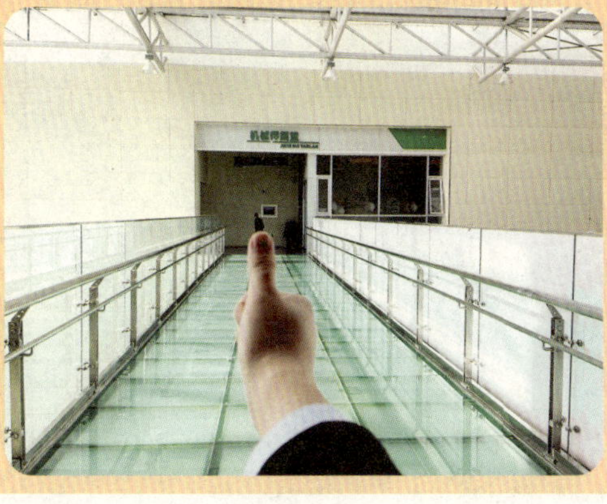

七、评估与反思

绝大部分学生课上都可以掌握拇指测距法，并觉得非常有趣，部分学生对最后拓展的光谱红移等测距法不是很明白，可引导他们课后到宇宙与生命展厅继续学习。

彩　　虹

（刘斌）

一、教学内容

通过实地观察与查阅资料等，了解彩虹的颜色、位置及光谱知识，构建彩虹模型，加深对彩虹的了解。

二、教具

三棱镜，多色激光笔，喷壶，透明气球，水，圆规，玻璃及支架，彩笔，相机等。

三、教学目标

1. 知识与技能

知道太阳光中包含不同颜色的光，光遇到不同物质，传播方向会发生改变；了解光谱与光色散的原理；了解彩虹的形成机制。

2. 过程与方法

提出问题，并自主设计实验方案，分析处理实验结果；学会运用理想模型法来解决、分析实际问题。

3. 情感、态度与价值观

培养好奇心，鼓励提出问题并积极寻求答案，培养尊重自然的态度，提升发现规律的探索能力，提高科学兴趣。

四、学情分析

教学对象：五、六年级学生。

认知特点：这个阶段的学生通过对小学科学课中“光”及“七色光”两个单元的学习及生活中的经验累积，对于光和一些光学仪器有初步了解。同时，这部分群体多为被动接受信息，而缺乏主动探究的能力，且专注力尚未完全成熟，难以完成枯燥的学习任务，故本课程选择了有趣的“观察光路”“创造彩虹”“构建彩虹模型”等环节，增强兴趣，培养团队合作精神。

五、教学过程

第一阶段：初识彩虹

通过展项《从光谱中探测天体化学成分》了解什么是光谱，引导学生发现彩虹就是一种光谱，是由光的色散产生的。

第二阶段：实验探究

通过不同颜色的光折射率不同，理解光的色散以及彩虹的颜色分布。

第三阶段：探索求知

通过探究彩虹出现的位置，了解彩虹是虚像，进一步了解彩虹是由于光的折射和反射的共同作用产生的。去户外寻找彩虹，拍照、探究为什么彩虹只能以正面出现。

第四阶段：构建彩虹模型

通过构建彩虹模型，了解彩虹为什么是弯曲的，发现圆形彩虹。结合上一阶段提出的光线固定角度，引导学生在玻璃屏幕上画彩虹可能出现的每一个点，获得彩虹的形状。

第五阶段：拓展升华

通过生活中彩色东西的例子，让学生明白生活中彩色的来源，帮助我们了解世界。

六、授课照片

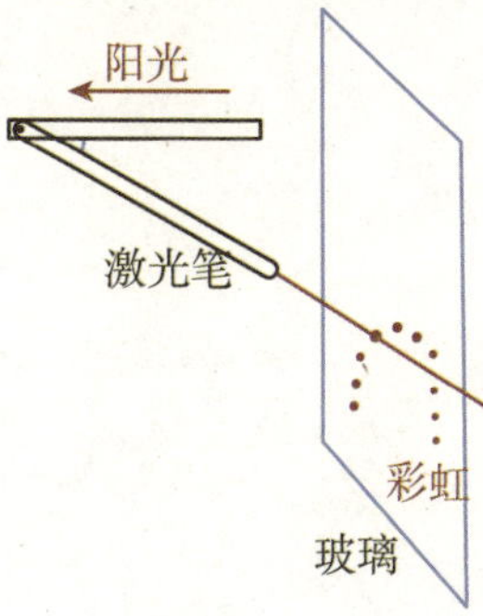

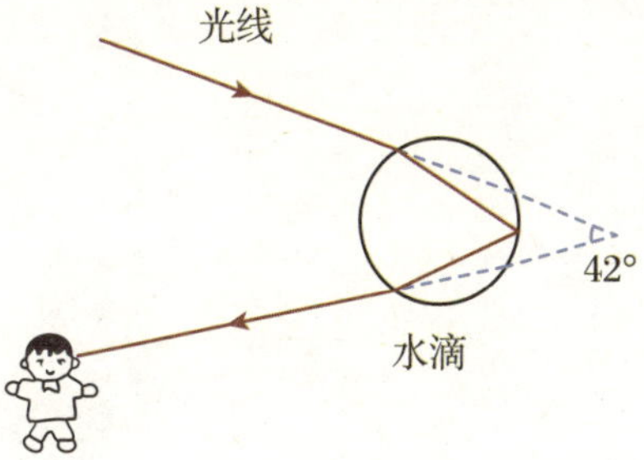

七、评估与反思

课堂上，多数学生基本可以说出彩虹的颜色、位置、形状以及产生的原因，少数学生对于彩虹的形成理解不准确。绝大部分的学生认为本课程有助于对彩虹的形成机理、彩虹的特点、彩色的来源等内容的全面理解。同时，也有学生反馈活动新颖，内容反“直觉”，还有学生提出了希望多增加互动环节的建议。

光弯曲了

（刘斌）

一、教学内容

通过实验观察与参观展项等，了解光在同种均匀介质中沿直线传播，探究光的全反射及其应用，学会用实验验证或修正结论。

二、教具

激光笔，玻璃杯，玻璃砖，铅笔，直尺，鱼缸，糖浆，塑料瓶等。

三、教学目标

1. 知识与技能

了解光在同种均匀介质中沿直线传播，缺少“同种”“均匀”任一条件，光都有可能发生弯折或弯曲；了解光的全反射及其应用。

2. 过程与方法

培养科学探究过程中的主动参与性，培养积极观察与交流的能力，增强团队协作能力；了解科学发展的规律，学会用实验验证或修正结论。

3. 情感、态度与价值观

乐于观察、实验、总结科学现象；实事求是，敢于表达修正观点；不盲从教条，能基于证据大胆质疑；善于合作分享。

四、学情分析

教学对象：五、六年级学生。

认知特点：这个阶段的学生通过对小学科学课中的“光与色彩”的学习及生活中的经验累积，对光和一些光学仪器有了初步了解。同时，这部分学生多为被动接受信息，而缺乏主动探究的能力，且专注力尚未完全成熟，难以完成枯燥的学习任务，故本课程选择了有趣的“观察光路”“动手体验光线弯曲”等环节，增强兴趣，培养团队合作精神。

五、教学过程

第一阶段：光沿直线传播

让学生动手实验并观察激光在空气、玻璃和水中的路线，得出结论：光沿直线传播。

第二阶段：光弯折了

通过实验观察光在玻璃和空气间传播时发生了弯折，修正之前的结论：光在同种介质中沿直线传播。

第三阶段：光弯曲了

通过实验观察光在不同密度的糖水中传播时发生了弯曲，修正之前的结论：光在同种均匀介质中沿直线传播。

第四阶段：生活中弯曲的光

通过实验观察激光沿着水流发生弯曲，探究光的全反射，了解光纤通信的原理。

第五阶段：光真的可以弯曲

参观宇宙与生命展厅中展项《爱因斯坦的贡献》，它会告诉我们光是真的可以弯曲的。

六、授课照片

七、评估与反思

课程的整体完成度较高，绝大部分学生可以掌握所学知识，达到教学目标，有极少数学生对光的全反射现象理解不准确。课程中学生自主学习的部分还应再增多，时间充裕的情况下最好可以自制道具。课后大部分学生愿意到展厅继续学习。

五彩万花筒

（闫夏）

一、教学内容

教师引导学生一起玩万花筒，探究万花筒成像的奥秘以及图案的特点，体验中心对称图案的形式美感，并采用绘画、剪纸等方法进行创作，激发学生的学习兴趣，培养学生热爱生活的情感。

二、教具

教师：简易塑料万花筒，平面镜，折叠平面镜，实验器材，激光笔，硬币（或其他，可随意选择一个小物件），大量角器，剪刀，白纸等。

学生：珠子管，油，滴管，小镜子，大镜子，塑料杯，无孔盖，有孔盖，贴纸，玻璃胶带，剪刀，白纸等。

三、教学目标

1. 知识与技能

感知万花筒的基本构造，学习拆装万花筒；通过光的反射实验，理解美丽图案的形成原理；用绘画、剪纸等方式表现类似于万花筒的图案。

2. 过程与方法

掌握分析归纳、演绎推理的方法；提升探究过程中所用到的过程技能，如收集的技能、创造的技能、操作的技能等；能够运用类比的思维方法，将小实验的模型与知识点联系起来。

3. 情感、态度与价值观

对观察生活中的现象产生初步的兴趣；在实验过程中强调发扬团结合作的精神，培养动手能力；引导学生欣赏万花筒中的美丽图案，体会其形式美感，并能用中心对称的方式创作新的图案。

四、学情分析

教学对象：四至六年级学生。

认知特点：这个阶段的学生具备初步的物理知识，认知能力强，对科学知识兴趣浓厚。

五、教学过程

第一阶段：教学活动引入

传看简易万花筒，自由观察，及时把自己的发现和周围的同学交流。

第二阶段：光的反射实验探究

拼装万花筒，将两面镜子朝里放成三角形，把纸花转来转去，观察纸花变多的现象，了解镜面反射原理。

第三阶段：万花筒成像规律

不断改变两面镜子之间的夹角，观察镜子里硬币的个数。

第四阶段：设计万花筒图案

了解了原理以后，扩展另一个知识点——中心对称。了解对称图形的特点，能够自己设计出万花筒图案，将设计任务布置成家庭作业。

六、授课照片

镜子为120°时，成2个像

镜子为90°时，成3个像

镜子为60°时，成5个像

七、评估与反思

本活动在山西省科学技术馆共实施6次，受众共计60人。学生课堂反应活跃，兴趣浓厚，知识掌握程度良好，实验器材可带回家持续研究。较适宜作为平日教育活动项目或与主题教学相结合进行。

我有很多“面”

（乔璐）

一、教学内容

本教育活动是基于展项《无尽的光》，让学生在游戏的过程中体验科学之趣。通过科学实验探究，了解平面镜成像的原理和特点，能够解释生活中的一些常见现象。更深层次的作用在于通过对平面镜成像的探究进而引出一种特殊的半透半反镜，了解它在我们生活中的应用。

二、教具

玻璃，硬纸板，镜子，蜡烛，打火机，小黑板等。

三、教学目标

1. 知识与技能

了解平面镜成像的原理和特点；认识半透半反镜，揭秘其在生活中的应用。

2. 过程与方法

学会带着问题去思考；学会主动探究；学会在实验中做好记录；学会结合实际生活。

3. 情感、态度与价值观

学会在实验探究中发现科学之趣，培养严谨的科学态度。

四、学情分析

教学对象:七年级学生。

认知特点:这个阶段的学生正处于从小学到中学的过渡阶段,喜欢对所有事物都问个为什么,同时也愿意去探寻答案,寻找解决问题的方式。通过一些简单的现象更容易让他们去思考和主动探寻问题的真相。

五、教学过程

第一阶段:认识平面镜,掌握平面镜成像的特点

创设情境:学生走近展项《无尽的光》,进行走迷宫比赛的游戏。

问题导入:我们经常听到《猴子捞月》的故事,那猴子为什么会认为月亮掉进了水里呢?我们平时会照镜子,自己在平面镜中成的像与本身大小有什么关系呢?平面镜成像还有什么特点呢?

设计实验:"吹不灭的蜡烛"。

得出结论:平面镜成像成的是虚像,并且像与物体大小相等,为正立的像。物到镜面的距离和像到镜面的距离相等。

第二阶段:了解平面镜成像的原理

创设情境:童话故事中白雪公主因为一面镜子招致了恶毒王后的嫉妒,大家有没有想过镜子中的像是怎么形成的呢?

问题导入:镜子多种多样,成像原理是否一样?我们是通过什么方式看到像的呢?

设计实验:在第一阶段所做实验的基础上进行延伸,通过画图与实验结合的形式来探究。再结合日常生活中的一些所见现象,进行验证。

得出结论:平面镜成像的原理就是光的反射。

第三阶段:拓展——认识半透半反镜

创设情境:平面镜和玻璃有什么区别呢?有没有材质介于平面镜和玻璃之间的镜子呢?

问题导入：探究平面镜和玻璃的区别；引入半透半反镜（通过儿童乐园展品《窥视无穷》引入）；了解半透半反镜的特点；思考和发现生活中的哪些地方用到了半透半反镜。

设计实验：取一块玻璃和一面镜子，让学生进行观察对比，发现不同；思考是否有一种材料介于二者之间，既能透光又能反射光。

得出结论：半透半反镜俗称分光镜，主要用于镜面电视、汽车后视镜、数码相框等电子产品，可一半穿透、一半反射，拥有低吸收的特性。

课后思考：动手制作一个类似的小玩具。《窥视无穷》中的半透半反镜是否可以用其他材料替代？是否可以用两块相对放置的平面镜来代替半透半反镜，达到一样的效果？

六、授课照片

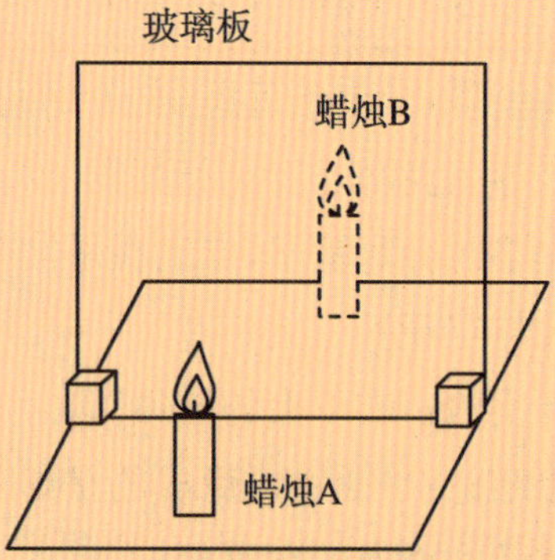

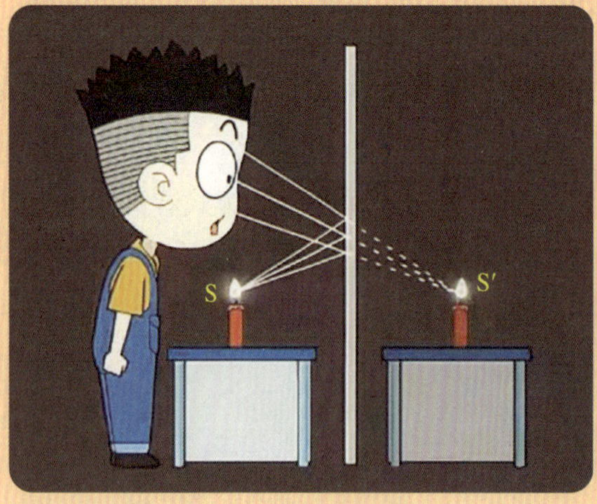

七、评估与反思

本课程激发了学生对科学的兴趣，使他们在平时生活中能够主动观察，主动探究，进而得出结论。

神奇的莫尔条纹

（张微）

一、教学内容

通过参观科技馆相关展项，结合小学科学课标，帮助学生了解、体会神奇的莫尔条纹现象，使其能够根据简单的材料自己制作莫尔条纹，从而全面深入地掌握科学知识和科学方法。

二、教具

A4 纸，彩色铅笔，彩笔，透明胶带纸，圆规，剪刀，直尺等。

三、教学目标

1. 知识与技能

通过深入的观察和体验，了解并掌握视觉暂留的原理，并且能够建立起视觉暂留和莫尔条纹的关联性。

2. 过程与方法

形成简单观察、深度观察、实际操作、动手实践的科学探究过程，培养善于观察、举一反三的学习能力；通过课程学习，能够多次提出假设、验证假设并进行总结。

3. 情感、态度与价值观

通过课程学习，不仅能够学习科学知识，还可以像科学家一样想事情、做事情，让科学学习流程化、模块化，最终实现科学知识的升华。

四、学情分析

教学对象：五、六年级学生。

认知特点：这个阶段的学生有一定的生活积累，对常见的类似科学现象能够举例说明，但是对原理掌握不足，未能形成科学的原理概念；学生在观察展项时暂时停留在初步的观察体验阶段，缺乏深度理解。

五、教学过程

第一阶段：话题导入

高速向前行驶的车辆为什么车轮看起来是向后旋转的？直升机的螺旋桨明明在快速转动，但为什么有时看起来像是静止不动的？是我们的认知出现了错误，还是眼睛欺骗了我们？观察展项，拓展知识深度，解释相关特殊科学现象。

第二阶段：实验探究

深度观察《视觉暂留》展项，能够发现产生视觉暂留现象的条件，并且通过对比实验解释和验证猜想。通过观察展项并结合所学知识，能够建立起展项和知识的连接，运用科学知识解释相关的科学现象，并完成科学知识的迁移。

第三阶段：归纳总结

莫尔条纹现象的产生需要具备两个条件，根本原因是人眼会产生视觉暂留现象，直接原因是构成莫尔条纹的两幅图片按照一定的角度和速度相对运动。

第四阶段：回顾与反思

学生能够通过深度观察发现不同的科学现象，并且对不同的现象能够提出假设和解释，并进行设计验证，从而通过对比实验得出最终结论。活动过程中引入了 STEAM 教育理念，全方位培养学生的科学素养，帮助学生养成优秀的科学学习思维和方法，培养科学学习的兴趣。

第五阶段：拓展延伸

在动手实践的过程中引入工程设计思想，让学生能够依托简单的科学实验完成一项完整的工程设计，从而培养学生的工程思维。

六、授课照片

七、评估与反思

实验中教具主要以直观性和简单操作性为主，使知识具体化、形象化，让学生能够感知、理解和记忆实验过程和实验结果，并且课程能促使学生将具体感知与抽象思维相结合，减少学生对科学知识抽象的认知，明确形成固定的概念，提高学生的学习兴趣和积极性。

存在的问题是活动内容比例可以重新进行划分，小学高年级学生对视觉暂留原理掌握相对容易，可以将课程重点放在第二部分进行深度探究。

051

静电和莱顿瓶

（闫夏）

一、教学内容

针对四至六年级学生，以“静电和莱顿瓶”为主题，以实验和探究为主要形式，以体验和讨论学习为主要教学方法，采用多媒体和模型等辅助技术手段，让学生了解静电的相关科学知识。

二、教具

“静电的科学”实验箱器材，玻璃棒，橡胶棒，丝绸，皮毛，支架，直尺，圆珠笔，剪刀，玻璃胶等。

三、教学目标

1. 知识与技能

掌握静电产生的原理及成因；知道带同种电荷的物体相互排斥，带异种电荷的物体相互吸引；掌握莱顿瓶的原理，知道如何储存静电；了解静电的危害与利用方法。

2. 过程与方法

掌握将看到的自然现象用实验进行分析归纳、演绎推理的方法；提升探究中所用到的过程技能，如收集的技能、创造的技能、操作的技能等。

3. 情感、态度与价值观

对观察生活中的现象产生初步的兴趣；在实验过程中强调发扬团结合作的精神。

四、学情分析

教学对象：四至六年级学生。

认知特点：这个阶段的学生具备初步的物理、化学等相关知识，认知能力强，对科学知识兴趣浓厚。

五、教学过程

第一阶段：情境导入

通过交流生活中的静电现象，创设学习静电的情境。

第二阶段：制作莱顿瓶

通过分组，完成模型制作，掌握莱顿瓶储存静电的原理。

第三阶段：静电的危害与利用方法

延伸知识点，引导学生继续思考。

六、授课照片

七、评估与反思

本课程 3 月份在山西省科学技术馆共实施 4 次，受众共计 40 人。学生课堂反应活跃，兴趣浓厚，知识掌握程度良好。实验器材部分可重复利用。适宜作为平日教育或与教学主题相结合进行的活动项目。

电池的秘密

（刘书伟）

一、教学内容

通过介绍生活中不同的电池引入，让学生思考为什么化学电池会产生电流。通过一系列的实验探究，推断溶液种类与电池产生电流的关系，进行对比实验，得出结论。

二、教具

教育活动箱等。

三、教学目标

1. 知识与技能

了解电池发明的历史；了解伏特电堆产生电流的原理；概述化学电池能量转化特征；掌握获取、处理、运用信息与知识、实验、观察、制作等技能。

2. 过程与方法

了解科学探索的一般过程；初步掌握观察、实验、对比和模型构建等科学研究方法。

3. 情感、态度与价值观

树立能量守恒的观念；团队协作，懂得合作和分享；树立自主探究与创新的意识。

四、学情分析

教学对象：七至九年级学生。

认知特点：通过对《物理》电学部分的学习和生活经验的积累，初中生对电池能够产生电流已形成初步认知。但这种认知还停留在“间接经验”层面，只有转换为“直接经验”才能加深对问题本质的认识。

五、教学过程

第一阶段：活动前参观

简要介绍活动主题，发放任务单。

第二阶段：课程导入

创设情境：欢迎穿越到伽伐尼的实验室！（多媒体播放伽伐尼青蛙实验动画）此时他正在做青蛙实验，你看，当他用刀尖触碰蛙腿上外露的神经时，蛙腿剧烈地痉挛，同时出现电火花。经过反复实验，他认为痉挛起因于动物体上本来就存在的电，他还把这种电叫作“动物电”！现在我们又来到伏特的实验室，他根据伽伐尼的实验设计了一种装置。将锌板和铜板用布片隔开，叠在一起，然后浸在酸性溶液中，连成回路，产生了电流，这种装置实验成功后，伏特将其命名为“电堆”，也就是电池组。这种电堆就是早期的电力来源，后来的电池就是在此基础上发明的。

问题导入：青蛙腿的神经在接触到金属时，为什么能跳起来？为什么伏特要选择酸性溶液作为电池的电解液？可以联系活动前收集到的信息，进行大胆猜测。

第三阶段：小组实验探究

发放各主题资源包和任务单，布置探究任务，引导小组分工，跟进探究进度，答疑。

播放 PPT 展示化学电池制作图，并指导学生认识各种材料的名称、功能，安排学生进行测试。利用盐溶液、糖溶液、稀硫酸溶液，按照化学电池制作图，将线路连接，分别测试其能否将二极管灯泡点亮。

鼓励发现实验中的问题，如什么样的溶液可以使化学电池产生电流。

观察记录实验结果，推断溶液种类与电池产生电流的关系。

取 10 g 食用盐、10 g 白糖、10 mL 稀硫酸，分别融入三个装有 20 mL 纯净水的烧杯中，搅拌均匀，按照化学电池制作图，将线路连接。观察一下，二极管灯泡能否被点亮？并将观察结果记录在表格中。

第四阶段：分享与总结

对各小组探究过程、探究成果进行简单点评。

对化学电池产生电流的原理中的难点进行补充解释。

补充介绍化学电池中发生的化学反应。

根据实验我们发现，盐溶液和稀硫酸溶液可以使得化学电池产生电流，但是糖溶液不能。这是为什么呢？其实化学电池是通过化学反应产生的电流，也就是化学能转化成电能的一种设备。以稀硫酸溶液为例，当稀硫酸溶液为电解质溶液时，铜、锌两种金属片一同浸入稀硫酸，由于锌比铜活泼，容易失去电子，被氧化成二价锌进入溶液，电子由锌片通过导线流向铜片，溶液中的氢离子从铜片获得电子，被还原成氢原子。这样一来，正负电子在正负电极之间运动，在回路中就可以形成电流。并且，我们知道锌片在稀硫酸中会发生化学反应：$Zn + H_2SO_4 = ZnSO_4 + H_2\uparrow$。但是我们在实验中看到，锌片上没有气泡产生，而是在铜片上有小气泡产生，由此可见，电子发生了转移。

正极：$2H^+ + 2e^- = H_2\uparrow$

负极：$Zn - 2e^- = Zn^{2+}$

总反应式：$Zn + 2H^+ = Zn^{2+} + H_2\uparrow$

六、授课照片

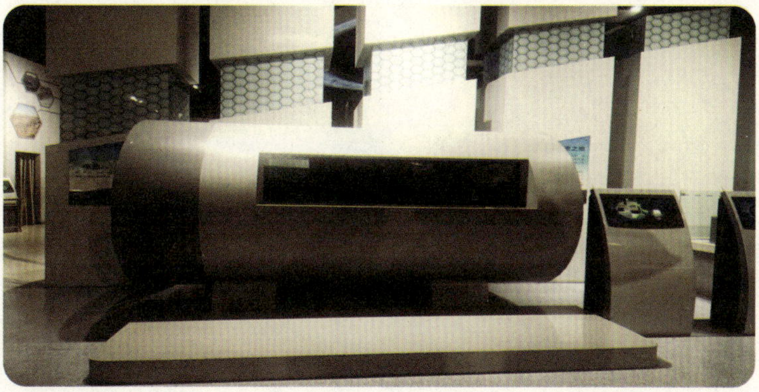

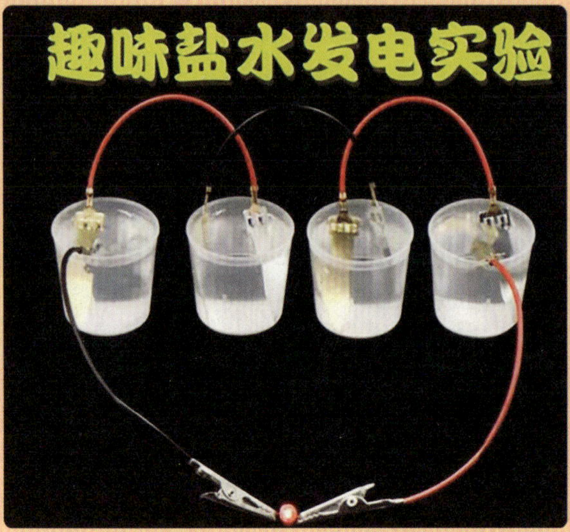

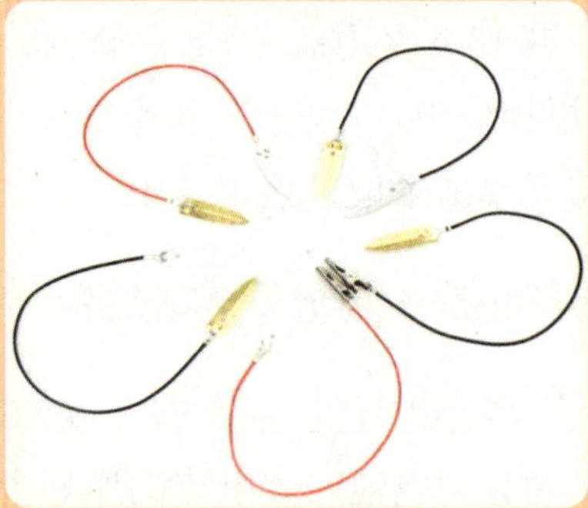

七、评估与反思

在课程设计之初运用了探究式学习的方法来进行教学。在授课过程中，还应用了情境式学习的方法。将情境式学习理论知识建构在特定目标的应用情境中，从而把个体的学习、发展与实践再密切联系，从而提高学生独立思考、合作探究的能力。

电磁秋千

（傅丽）

一、教学内容

用“做中学”的方式让学生了解秋千的来源和历史故事，动手制作一款能动的电磁秋千。学习磁生电的相关知识，了解电磁的应用和危害。

二、教具

底座，横杆和立杆，电池盒，电池，羊角钉，磁铁，线圈，双面胶等。

三、教学目标

1. 知识与技能

学习磁生电的相关知识，了解电磁的应用和危害。

2. 过程与方法

用“做中学”的方式，动手制作一款能动的电磁秋千。

3. 情感、态度与价值观

培养创新性。

四、学情分析

教学对象：四至六年级学生。

认知特点：这个阶段的学生已经学习过科学课中磁铁磁性的相关知识。

五、教学过程

第一阶段：课程导入

简述清明荡秋千的文化内涵，并引导学生观察荡秋千的方式，提出问题："如何改变传统秋千的驱动方式？"

第二阶段：课程深化

以电磁秋千为例，介绍电磁的概念、电磁产生的原因、电磁的应用、电磁的危害，并制作自己的电磁秋千。

第三阶段：课程拓展

鼓励学生大胆创新，利用学到的电磁知识，改良自己的电磁秋千（调节运动速度）。

六、授课照片

七、评估与反思

通过课程学习发现学生对电磁的兴趣浓厚，但是部分学生的秋千不能通过磁生电动起来，因为电池的极性搞反或者线圈与磁铁之间的距离太近或太远，所以需多调整几次。实验就是在不断调整中得以改进的。

054

弹跳青蛙

（范瑾）

一、教学内容

当两块磁铁互相靠近时，相同的磁极会相互排斥推开，不相同的磁极会相互吸引黏住。弹跳青蛙正是运用磁铁“同极相斥，异极相吸”的原理，当磁铁靠近时，因为同极相斥，青蛙就会弹跳起来。

二、教具

青蛙卡纸，立柱，底座，双面胶，两块环形磁铁等。

三、教学目标

1. 知识与技能

了解磁铁同极相斥的特性。

2. 过程与方法

掌握磁铁同色相对可以让青蛙跳起来（同性相斥），培养利用所学知识解决问题的能力。

3. 情感、态度与价值观

培养观察能力，激发对科学实验的好奇心。

四、学情分析

教学对象：学龄前儿童。

认知特点：学龄前儿童具有认知能力和理解能力差，但记忆能力与模仿能力强的特点。授课时应该多重复：语言多重复，知识多重复。让知识形成记忆。除此之外应多借助各种实物、图片或者视频。图像语言是最直接且最容易接受的信息语言。

五、教学过程

第一阶段：活动导入

小青蛙最近一直在想一个问题：怎样可以不用力气就跳起来？它试了很多次都不成功。你们能不能帮小青蛙想个办法，帮助它跳起来呢？

第二阶段：实验探究

教师指导学生将立柱插到底座上，将两块环形磁铁插入立柱，再将青蛙卡纸放在磁铁之上。试一试，蓝色和蓝色相对，青蛙可以跳起来吗？蓝色和红色相对，青蛙可以跳起来吗？为什么？那红色和红色相对呢？怎样放磁铁才可以让青蛙跳起来呢？

第三阶段：活动总结

相同颜色的磁铁相对可以帮助青蛙跳起来，不同颜色的磁铁相对就吸在一起，不能使青蛙跳起来。

第四阶段：活动评价

这堂课是典型的学以致用的实验课，老师平时在教学中，除了教授孩子知识外，更重要的是培养孩子多动脑筋、多想办法，利用所学知识解决问题的能力。

第五阶段：活动拓展

思考生活中磁铁的应用。

六、授课照片

七、评估与反思

磁铁同极相斥、异极相吸的性质表现得十分明显，学生在玩的过程中很容易发现磁铁之间相斥、相吸的特点，但是要具体口头表达的时候，却会有点绕不过来，线性思维会让他们习惯性地认为是“相同相吸、不同相斥”（他们说完后可能会立刻意识到错误），老师可以有目的地帮助学生强化记忆。

万　磁　王

（吴翔）

一、教学内容

本课程围绕小学科学课标中的相关内容，通过“万磁王”的相关剧情驱动引导学生自主探究磁现象的相关原理，利用简单易懂的类比实验和游戏体验来让学生从微观角度认识磁化的过程，在观察对比、动手实验、自主探究的过程中掌握一定的科学方法。

二、教具

磁铁，铁钉，镍丝，塑料玩具，指南针，磁针板，蜡烛，小磁针，拔河绳等。

三、教学目标

1. 知识与技能

从微观角度了解磁化的原理并能加以解释；理解并学会绘制磁感线；了解磁性材料的居里温度。

2. 过程与方法

掌握对比、类比、假设、实验论证、理想模型法等科学探究的方法。

3. 情感、态度与价值观

激发好奇心和钻研心；培养利用科学方法验证观点的科学态度；尝试运用学到的科

学方法去解释生活中的一些现象;通过探究磁铁的性质和特点,了解磁性材料在生活中的广泛应用。

四、学情分析

教学对象:五、六年级学生。

认知特点:这个阶段的学生对磁铁的特性已经具有了一定的了解,但是对磁现象的认知仅仅停留在表面,对概念的理解较为模糊,本次活动将针对磁现象进行一次深入探究,从而掌握相关科学知识和科学方法。

五、教学过程

第一阶段:初识万磁王

通过电影《X 战警》中"万磁王"出场的镜头片段引出主题。教师扮演"万磁王",戴上镶嵌"钕磁铁"的手套,轻松收集桌面上的铁磁性物件,激发学生对磁现象的兴趣;对比实验认识铁磁性材料;用磁铁将铁钉磁化吸引铁屑,观察磁化现象。

教学分析:让学生认识生活中常见的铁磁性材料,引导学生将铁磁性材料磁化,通过亲自动手观察对比,可以加深印象。

第二阶段:科学解密万磁王

(1) 了解磁化原理。

利用展项《铁钉桥》:铁钉在外加磁场的作用下,统一方向,井然有序。把这种现象类比成铁磁性材料被磁化时内部的微观变化。

游戏模拟——拔河:让学生充当磁畴,以不同的方向通过绳子拉动桌子,由于方向不一致,很难拉动。而当大家统一方向、齐心协力时,桌子就会很轻松地被拉动了。

教学分析:磁畴是一个比较深的概念,通过展项和游戏进行类比、模拟,可以将原理形象生动地加以简化解释。

(2) 探究磁感线。

问题导入:磁铁或者被磁化的东西依靠什么隔空作用呢? 让学生大胆进行猜想。

接下来引导学生通过三种方法层层递进地认识磁感线:

类比法：吹风机吹动纸带类比磁场的物质性。

转换法：在磁铁周围撒上铁屑，观察磁场的大概形状。通过铁屑的分布来推断磁铁磁力的大小分布。

理想模型法：根据观察到的现象在纸上试着画出磁感线，比比谁画得更准确。

拓展：立体磁感线 DIY。

第三阶段：如何打败“万磁王”

探究打败“万磁王”的方法：如何能让磁铁的磁性消失？

引导学生从核心原理进行思考：想要破坏磁性，应该用什么方法让有序的磁畴被打乱呢？学生分组自行讨论，制订方案、验证猜想，最终让学生自己发现磁性材料的居里温度这一特性。

教学分析：学生对居里温度的概念理解得比较抽象，通过教师给学生布置打败“万磁王”的任务，引导学生做出相应的猜想和诸如“破坏磁铁、放进水中，加热磁铁”等方案的设计，像科学家一样去猜想、验证，将抽象概念具体化，获得直接经验，加深印象。

六、授课照片

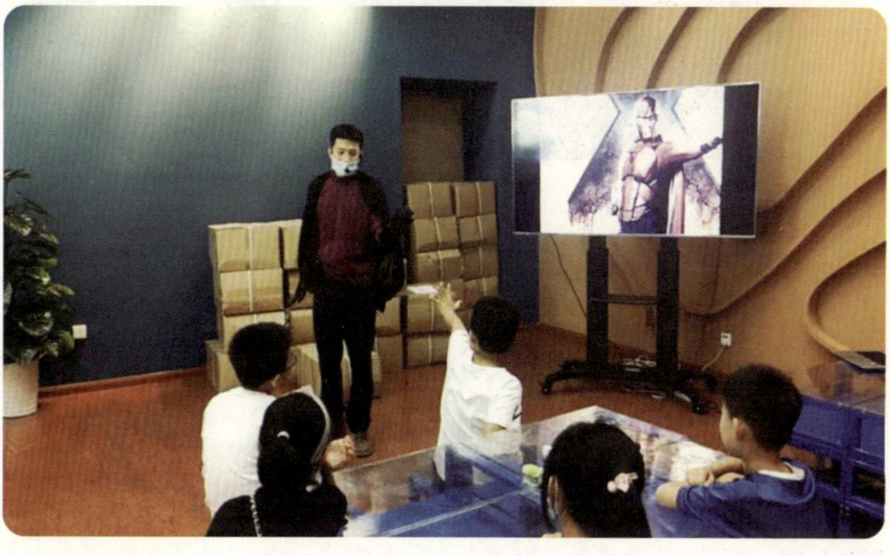

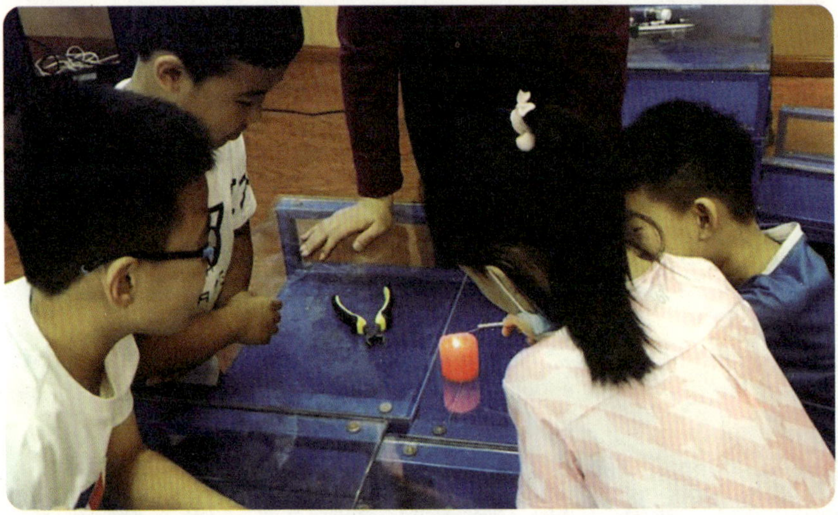

七、评估与反思

围绕动漫主题来诠释磁学现象，以“万磁王”这个影视角色贯穿活动，可以把枯燥的磁学教案变成具有趣味的“剧本”，通过对万磁王的层层了解，将课本知识和科学方法相互融合，让学生们不再拘泥于课本。

在课标基础上展开深入的探究，使学生在已有认知的基础上，通过不同的科学方法解决不同的问题，潜移默化地掌握一些诸如类比、假设、论证、模拟等科学方法去解决生活中的其他问题。教师以学生为本不断地改进活动内容，教学活动应突出学生的自主地位。

山西省科学技术馆 编

科技馆里学科学

科学课程 下册

中国科学技术大学出版社

目　录

下　册

5 美丽的化学

神奇的紫甘蓝

（王兰）

一、教学内容

本课程从一个变色花的小魔术引入，让学生了解酸碱指示剂的概念及其在生活中的应用。

二、教具

紫甘蓝，杯子，白醋，小苏打，洗衣粉，雪碧等。

三、教学目标

1. 知识与技能

了解将紫甘蓝水加入不同的液体中会呈现不同的颜色，进而引出酸碱指示剂的概念及其在生活中的应用；了解波义耳发现指示剂的过程。

2. 过程与方法

了解科学探索的一般过程；掌握观察、实践、对比等科学研究方法。

3. 情感、态度与价值观

学习波义耳在生活中善于观察、探究的科学精神。

四、学情分析

教学对象:四至六年级学生。

认知特点:这个阶段的学生已经对生活中的部分物品有了一定了解,但对酸、碱还没有明确的概念,对物品是酸性还是碱性还不会加以区分。他们已经具备了探究实验的能力,有助于本课程的开展。

五、教学过程

第一阶段:课程导入

从一个变色花的小魔术引入,让学生了解紫甘蓝,认识酸碱指示剂。

第二阶段:实验探究

将紫甘蓝水加入不同的液体中,呈现出不同的颜色。

第三阶段:拓展延伸

重温波义耳发现指示剂之路,课后延伸寻找其他适合当指示剂的植物。

六、授课照片

七、评估与反思

本课程用家里常见的紫甘蓝做载体，让学生在亲自动手做实验中认识酸碱指示剂，了解指示剂的作用，并学习波义耳善于观察、敢于研究的科学精神。

柠檬的秘密

（孟薇）

一、教学内容

本课程是根据生活中常见的水果——柠檬而展开的趣味实验，通过实验来了解背后的科学原理。

二、教具

气球，柠檬，白纸，白醋，棉棒，蜡烛，小苏打等。

三、教学目标

1. 知识与技能

了解柠檬（趣味实验）背后的多个科学原理；能举一反三，用这些知识解决生活中遇到的难题。

2. 过程与方法

对任何事物充满好奇，能通过对身边自然事物的观察，发现和提出问题，能运用已有知识说出自己对问题的假想答案。

3. 情感、态度与价值观

培养对科学的敬畏之心，乐于探究与发现周围事物的奥秘。

四、学情分析

教学对象：一至三年级学生。

认知特点：这个阶段的学生在日常生活中，已经认识了柠檬作为水果的基本属性，从味觉上可以辨别柠檬是酸的。需要在学习中帮助学生树立自主探究与创新意识，掌握获取、处理、运用信息与知识的技能和动手、观察、制作、讲述等技能。培养学生探索科学奥秘的好奇心，树立结构与功能相统一的观念。

五、教学过程

第一阶段：多角度认识柠檬

在生活中，我们经常会见到柠檬，人们常用柠檬来泡水喝，因为其酸酸甜甜的味道很受欢迎。那我们到底对柠檬了解多少呢？设置问题让学生从多个角度描述柠檬。从简单的知识导入，引发学生的兴趣。

第二阶段：生活中要避免柠檬“大招”

用气球、柠檬、香蕉、苹果、柚子、小刀等道具，在非暴力的情况下将气球弄破。绝大多数学生拿着道具束手无策，在提示可以用小刀将水果切开尝试后，大家找到了方向。

第三阶段：做实验——柠檬天书

变身情报员，将情报安全传递。将所有学生分为两组，两组同时进行实验，根据所给材料（柠檬、白纸、棉棒、蜡烛）完成目标实验。我们发现用棉棒蘸上柠檬汁在纸上书写，字是无色的，把纸用火烤过之后字又会重新显现。因为柠檬汁中含有一种叫赛璐玢的成分，用它在纸上书写，可以降低纸的燃点，只要用火一烤，柠檬汁写字的部分最先被烤焦，于是就能显现出黄色的字了。

第四阶段：柠檬与灭火

用柠檬与小苏打完成灭火任务。

六、授课照片

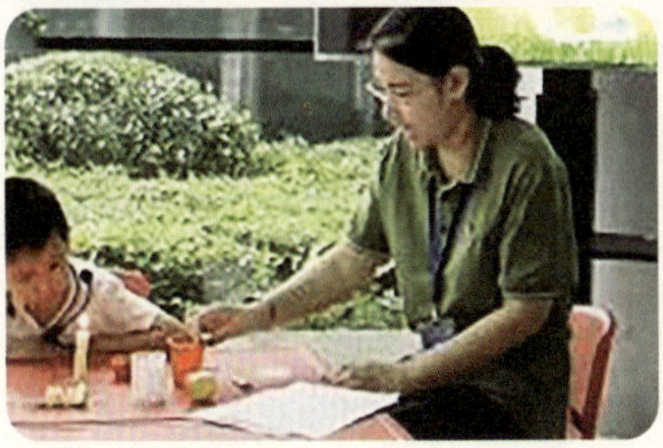

七、评估与反思

学生在认识事物时，总是喜欢进行摆弄、拼拆、移动等动作，这表明学生的思维离不开动作。教师需要引发和保持学生对材料的探索欲望。只有调动学生的积极性，让他们主动地与材料互动，愉快地参与到实验活动中，才能从中体验发现的乐趣，激发探究的欲望。

058

纸树开花

（范瑾）

一、教学内容

纸树模型是一种吸水性极强的纸，在培养皿中加入磷酸二氢钾溶液，溶液会被纸慢慢吸上去。在通风或者阳光充足的地方，当溶液中的水分蒸发掉后，磷酸盐会结晶，产生白色的结晶体。如果在纸模上涂上颜色，磷酸盐在结晶的时候，晶体被染色，就能结出有颜色的结晶体。这种奇妙的变化，就好像变魔术一样，非常有趣。

二、教具

纸树模型，小托盘，磷酸二氢钾溶液等。

三、教学目标

1. 知识与技能

了解毛细现象和结晶现象。

2. 过程与方法

通过实验了解纸树开花的原理。

3. 情感、态度与价值观

培养观察能力，激发对科学实验的好奇心。

四、学情分析

教学对象:学龄前儿童。

认知特点:学龄前儿童不需要太多理论化的学习,在形象认知上,思维能力占主导;在心理特征上,注意力不集中,压力承受能力弱,自律性差。教师应采用生动形象的教学材料、形式多样的教育活动,课堂要有一定的趣味性。

五、教学过程

第一阶段:课程导入

雾凇非常漂亮,观看雾凇图片,引出疑问:雾凇是如何产生的呢?我们可以自己来制作吗?

第二阶段:实验探究

做好纸树,将磷酸二氢钾溶液倒在纸树的根座上。观察实验现象,学生分析讨论,教师归纳总结。

第三阶段:实验总结

这种纸树其实是利用了毛细现象的原理。当溶液浸入纸树后,会由于毛细现象而在纸树中快速上升,直达纸树树枝末端,而末端处的水分先蒸发,便会有结晶现象,这些溶液事先吸收了纸树上涂抹的彩色颜料,于是树上就开出了五颜六色的花。

毛细现象:含有微细孔隙的物体与液体接触时,在浸润情况下,液体沿孔隙上升;在不浸润情况下,液体沿孔隙下降的现象。毛巾吸水、灯芯吸油,都是毛细现象。在工程技术中,常利用毛细现象来润滑机器和对布匹染色等。在自然界和日常生活中也有许多毛细现象的例子,例如植物根部吸收的水分,能够经由茎上升、传递。

结晶:物质由液态(溶液或熔化状态)或气态形成晶体。

第四阶段:活动拓展

思考利用毛细现象还可以做哪些好玩的东西。

六、授课照片

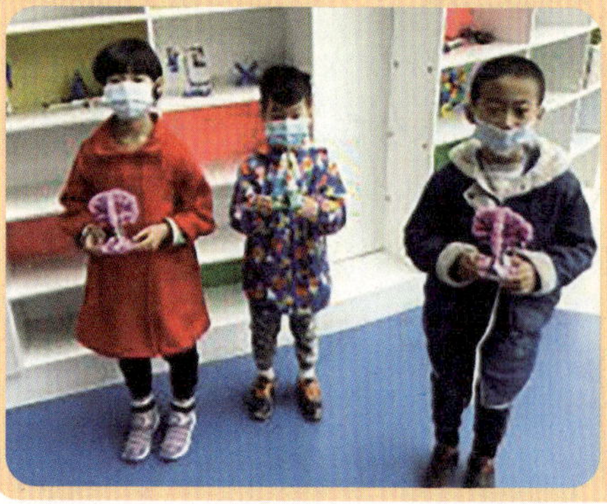

七、评估与反思

通过观察实验，不仅锻炼了学生的动手操作能力，还培养了他们对知识点进行总结的习惯。不足之处在于：上课前没有说明实验注意事项，本节课虽然让学生动手，但由于教师缺乏经验而急着告知答案，留给学生探索的时间较少。课堂应该给学生留足自主思考和探究的时间。

‖6 生命科学

059

“呦呦之鸣”——了解植物细胞

（王兰）

一、教学内容

通过照片、视频等，帮助学生认识疟疾这种疾病，了解屠呦呦发现青蒿素的渊源，并通过动手实验来观察、认识植物细胞。

二、教具

电子显微镜，洋葱，镊子，载玻片，盖玻片，刀片，清水，稀碘液，吸水纸等。

三、教学目标

1. 知识与技能

认识疟疾带来的危害；了解屠呦呦这位伟大的科学家发现青蒿素的渊源，以及她背后的故事；认识和了解植物细胞。

2. 过程与方法

了解科学探索的一般过程；初步掌握观察、实验等科学研究方法。

3. 情感、态度与价值观

学习科学家不怕困难、坚持科学探索的精神。

四、学情分析

教学对象：四至六年级学生。

认知特点：对照《义务教育科学课程标准》中“细胞是生物体的基本结构单位”，要求学生认识细胞，了解组成细胞的基本结构，并会用显微镜观察。

五、教学过程

第一阶段：话题导入

播放动画视频，引入疟疾这种疾病；了解屠呦呦发现青蒿素的渊源，学习她不怕困难、坚持科学探索的精神。

第二阶段：实验探究

通过实验观察、认识洋葱的细胞。

六、授课照片

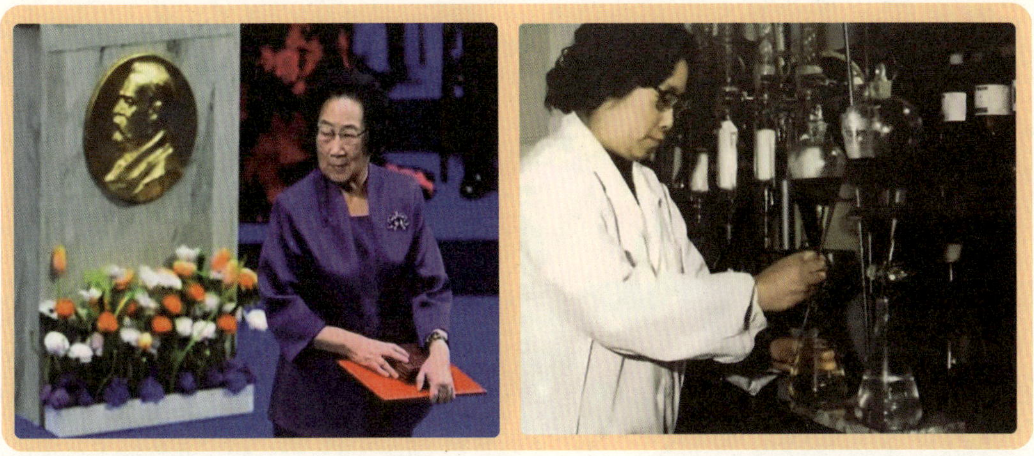

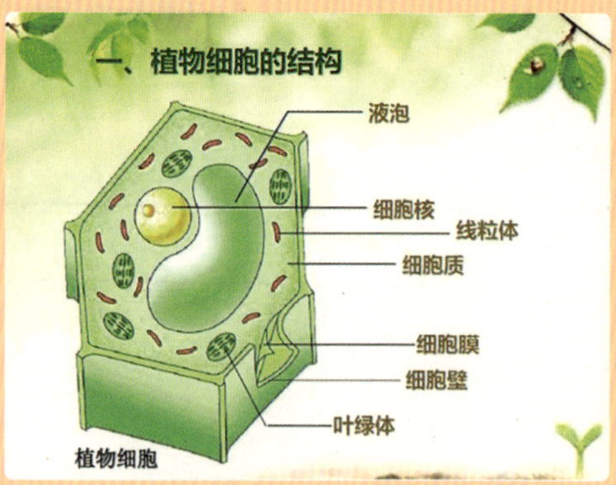

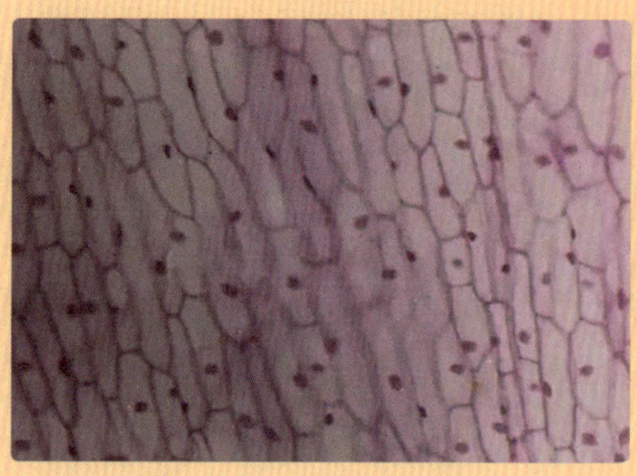

七、评估与反思

本课程用家里常见的洋葱做载体，在实验中观察植物的细胞，认识植物细胞的结构，并学习屠呦呦不怕困难、追求真理、无私奉献的精神。

神奇的 DNA

（张哲侨）

一、教学内容

通过寻亲类新闻节目，发现 DNA 可以用来寻亲。了解 DNA 的概念，从而明白为什么 DNA 可以进行亲子鉴定。通过提取草莓里的 DNA 来加深对 DNA 的理解。最后再进行 DNA 模型构建，充分理解双螺旋结构的特点。

二、教具

草莓，塑料袋，洗手液，食盐水，玻璃杯，饮料瓶，纸巾，小夹子，酒精，叉子，卡纸，直尺，铅笔等。

三、教学目标

1. 知识与技能

了解 DNA 的概念；探究提取 DNA 的方法，了解 DNA 存在的位置；动手制作 DNA 双螺旋结构模型，强化对 DNA 概念的掌握。

2. 过程与方法

通过尝试对植物的 DNA 进行粗提取，了解 DNA 的性质；认识 DNA 存在的空间位置；拓展延伸，制作 DNA 双螺旋结构模型，加深对 DNA 的了解。

3. 情感、态度与价值观

在了解DNA概念的同时，启发学生对基因的思考；在提取水果DNA的过程中掌握科学方法，培养学生辩证性思维的能力；在制作DNA双螺旋结构模型的过程中培养创新能力，激发学习兴趣。

四、学情分析

教学对象：五、六年级学生。

认知特点：这个阶段的学生对于“细胞是生物体的基本结构单位”有了初步的认识。对于DNA略知一二，但是还不太理解。通过提取实验可以从具象角度认识DNA。

五、教学过程

第一阶段：课程导入

提问学生，寻亲的新闻节目中提到的DNA是什么意思？讲述DNA的概念，让学生明白利用DNA可以寻亲、做亲子鉴定的原因。

第二阶段：实验探究

进行草莓的DNA提取实验。掌握科学的提取方法和规范的实验操作流程。直观地认识水果的DNA结构。思考提取过程中失败了或者效果不明显应该如何调整。小组讨论解决问题。

第三阶段：活动拓展

DNA结构在细胞的什么位置？制作DNA双螺旋结构模型，在折叠过程中发现DNA结构密码。

第四阶段：课程回顾

回顾所学知识：DNA的概念和存在位置。展示DNA提取过程，和家人分享它们的制作方法和其中的奥秘。除了水果的DNA，你还能提取别的DNA吗？用什么方法？

六、授课照片

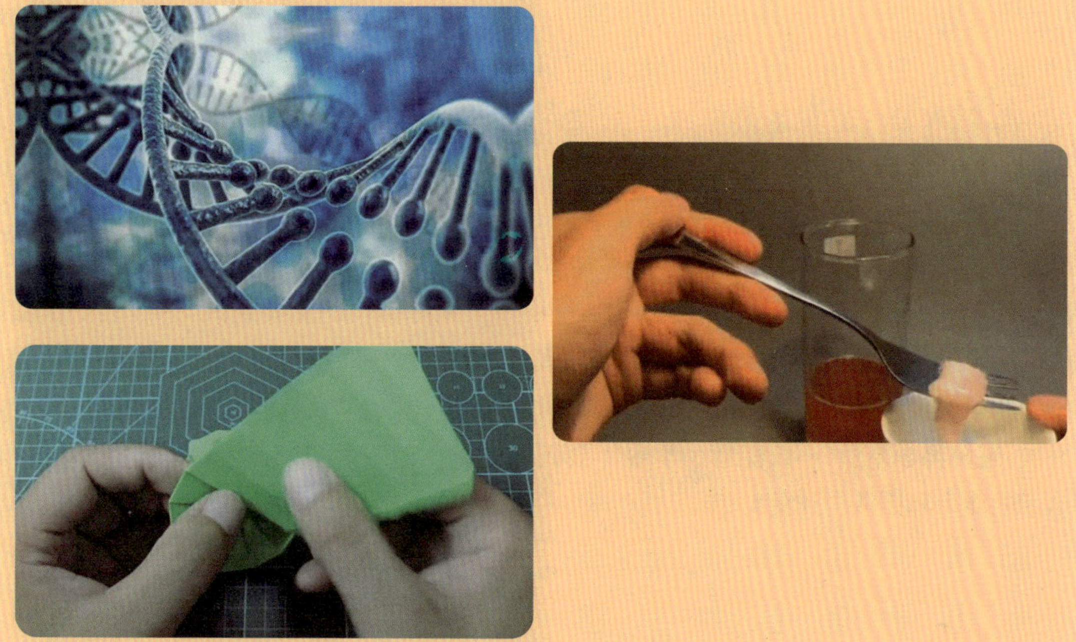

七、评估与反思

学生虽然学习了认识细胞结构，但是对 DNA 遗传物质还不了解。如何用通俗易懂的方法让学生了解，是我们一直在探索的。从热点事件引入，到家庭生活实验的探究和手工模型的制作，不断地在探究和制作的过程中把抽象的知识具体化，让学生产生更加清晰、直观的认识。不足之处是在探究的环节中还有欠缺，需要增强课程的趣味性。

061

细胞膜与选择透过性

（张安琪）

一、教学内容

细胞是生命活动的基本单位，《细胞》展项涉及细胞结构的重要组成部分，但由于细胞是微观结构，内容颇为抽象，因此在开展基于展品的教育活动设计时，引导学生利用模型构建、自主合作、实验探究等多种方法主动地获取科学知识，体验科学过程与科学方法，理解科学本质，不仅能帮助学生体会到微观世界的美，而且有助于培养学生观察、动手的能力和团队合作的意识。

二、教具

烧杯，试管，茶叶，水，透析袋，淀粉溶液，碘液，尺子，土豆块，计时器等。

三、教学目标

1. 知识与技能

认识细胞膜的功能特点——选择透过性。

2. 过程与方法

通过生命科学、化学学科之间的知识联系，初步培养运用所学各学科知识对问题进行综合分析的科学思维。

3. 情感、态度与价值观

学会与他人合作，在合作中彼此协商分工，尊重他人。

四、学情分析

教学对象：五年级学生。

认知特点：根据《细胞》展项，学生能够简单了解生物细胞的结构和功能，尤其是细胞膜的功能，为导入新课做准备。教师引导学生在观察茶水变色现象时，进行实验前讨论：是不是所有的物质都能自由进出细胞膜？为什么有些物质能通过细胞膜而有些不可以？由此开展探究实验。学生通过细胞膜模型探究实验得出结论：细胞是半通透性的，不是所有物质都能通过细胞膜。

五、教学过程

第一阶段：课程导入

在一杯热水中放入一些茶叶，观察现象，发现过了一段时间，杯子里的水变色了。并且随着时间的增加，茶水的颜色越来越深。

思考问题：杯子里的水为什么会变色？细胞膜是如何工作的？

第二阶段：实验探究

实验 1：制作细胞膜的模型

(1) 在烧杯中加入 40 mL 碘液，模拟细胞所处的外环境。

(2) 在试管内加适量碘液并标记"碘液"，放入烧杯中。

(3) 将 40 mL 淀粉溶液加入透析袋中，模拟细胞，放入烧杯中。

(4) 在另一试管内加适量淀粉溶液并标记"淀粉"，放入烧杯中，静置一段时间后，观察并记录于表 1 中。

表1　实验1记录表

溶液	先前的颜色	后来的颜色
透析袋中的淀粉溶液		
试管中的淀粉溶液		
试管中的碘液		

实验2:探究浓度对扩散的影响

(1) 在3个烧杯中分别注入30 mL浓度为100%、50%、10%的碘液。

(2) 同时在每个烧杯中各放入一块大小、形状完全相同的土豆块,将土豆块完全浸没在碘液中。

(3) 30分钟后,用镊子将土豆块从各自的溶液中取出,从中间切成两块,用尺子精确测量溶液扩散进每一个土豆块的距离并记录于表2中。

表2　实验2记录表

土豆块	碘液的浓度	扩散的距离
1		
2		
3		

实验3:探究时间对扩散的影响

将3个土豆块分别浸入同样浓度的30 mL碘液中,浸泡不同的时间,测量扩散的距离并记录于表3中。

表3　实验3记录表

土豆块	浸泡的时间	扩散的距离
1		
2		
3		

六、授课照片

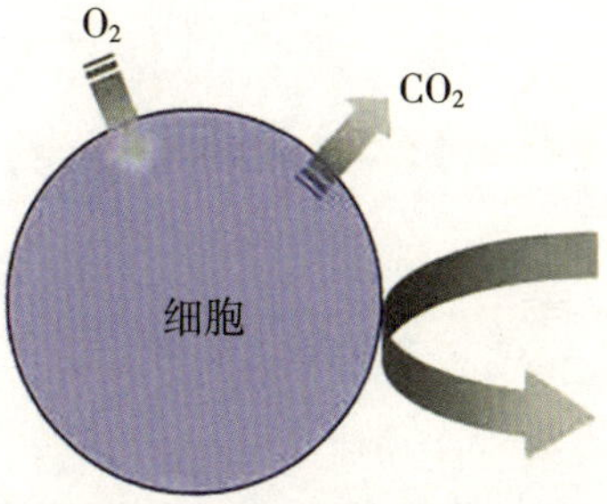

细胞膜具有选择透过性

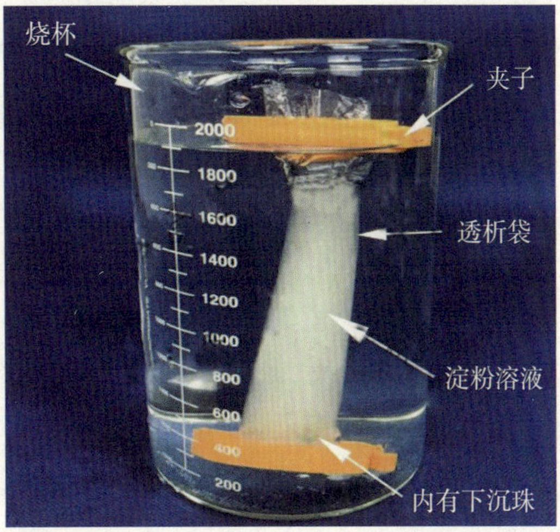

七、评估与反思

本课程从生活中常见的现象导入，激发学生兴趣，使学生迅速进入学习状态，同时意识到科学就在我们身边。学生通过自主观察现象，提出问题，并试着解答，由此引导学生深入探究细胞膜的工作原理。在此基础上构建易于研究的、能反映事物本质特征的理想模型，加深对概念、系统的理解。同时用控制变量法，通过对比实验，得出结论，培养学生掌握科学方法的技能。

速度大比拼

（张哲侨）

一、教学内容

在山西省科学技术馆宇宙与生命展厅的人体展区，每次都有很多学生和蓝色的“小鲨鱼”进行亲密接触。当按下一颗“鲨鱼”牙齿后，为了不让“鲨鱼”咬手，学生会很迅速地把手收回来。这个就是《神经系统》展项互动体验的一部分。那么神经系统是如何完成身体一系列反应的呢？我们每个人受到刺激时都会做出一定的应激反应，大家测量过自己的反应速度吗？到底有多快呢？我们的反应速度一样吗？让我们一起来解答这些疑问吧！

二、教具

移动音响，话筒，铅笔 15 支，30 cm 直尺 15 把，实验数据登记表，活动学习单等。

三、教学目标

1. 知识与技能

学习生活中反应速度的测量方法，理解反应速度与反应时间的关系。

2. 过程与方法

熟悉探究实验的一般过程，提高探究能力；规范操作实验步骤，正确记录实验结果；共同分享方案，提升自我语言表达能力；通过实验结果分析，培养综合思维能力。

3. 情感、态度与价值观

提高合作意识，体验人和人之间的交往；培养良好的科学素养；从实验结果中，感受“勤能补拙”的道理，从而培养良好的生活习惯和学习习惯。

四、学情分析

教学对象：四、五年级学生。

认知特点：这个阶段的学生充满好奇心、想象力，但自我学习能力较弱。本活动的核心概念是反应速度，即人体对各种信号刺激（声、光、触等）快速应答的能力。

五、教学过程

第一阶段：情境引入

展项体验：学生分成四组，在展项处进行“鲨鱼”咬手比赛，看谁的手没有被咬住。

师生互动游戏挑战：看看谁的反应速度快，如“向左转”“向右转”“下蹲”“起立”等，还可以连续发出几个指令，让学生依次完成。

学习《神经系统》展项，了解我们在做出快速反应时，神经系统是如何完成这一过程的。

第二阶段：提出假设，制订方案

学生结合日常生活经验提出假设：左手、右手反应的速度不一样；男生、女生反应的速度不一样；反应的速度和训练的次数有关……

分组制订证明假设的实验方案，相互之间进行交流。然后，教师给学生提供一些道具：尺子和铅笔。

学生思考抓住尺子时，应该怎样读取直尺上的刻度值？每次测量时，读取数值的方法应当一样吗？

第三阶段：实施方案

两人一组，轮流进行测试，测试每位同学在集中注意力的状态下的反应速度，并记录实验结果。

(1) 测试同学将直尺末端(刻度最大)捏住，并将直尺竖直提起。

(2) 被测试同学的拇指和食指分开，放在直尺零刻度线的两边，两指分别距离直尺1厘米，集中注意力，眼睛盯住直尺。

(3) 测试同学松开手，直尺下落。

(4) 被测试同学看到直尺下落立即合拢手指夹住直尺。

(5) 读出并记录拇指上缘处直尺的刻度，重复测试5次。

(6) 两位同学轮换，也重复测试5次。

(7) 在教师的指导下将长度转化为反应时间。

第四阶段：拓展延伸

通过实验得出结论，在测试反应速度的过程中思考我们的神经系统是如何完成这一过程的，和同学们分享神经系统的反应过程。除了上述方法外，还有没有其他方法测试自己的反应速度？让同学们积极发言。

请同学们参与《神经系统》展项足球运动员射门的程序，用另一种方式来测试反应速度。这个程序可以显示反应时间，让学生记录这一反应时间，并和自己之前的结果进行比较，观察两者是否一致，讨论原因。

所有活动结束后，邀请同学们填写今天活动的学习单。从“我做到了什么”“我观察到了什么”“我思考了什么”三个方面，再次对今天所学进行总结和评价。

六、授课照片

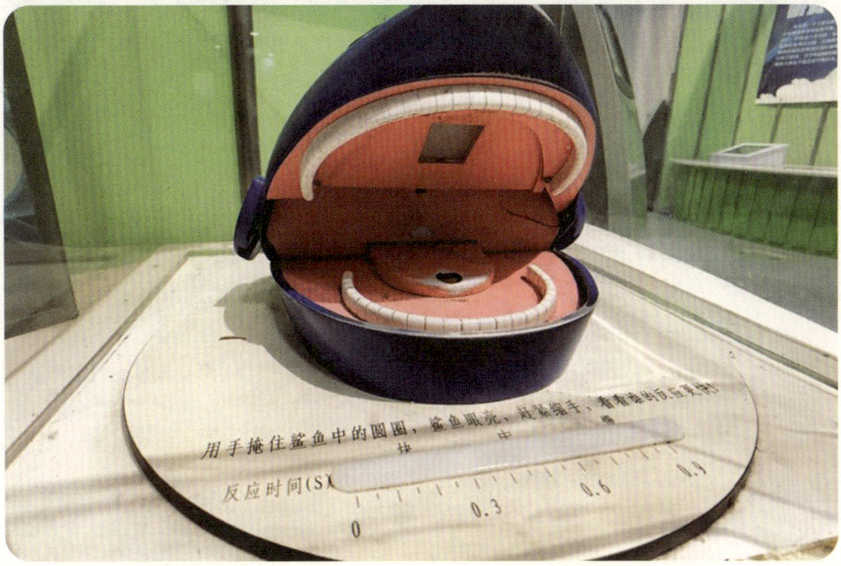

七、评估与反思

(1) 做游戏是引入活动的一种较好的方式,每个学生都可以参与其中。在活动中应该多进行发散思维活动,学生的答案可能会比较新奇,要多鼓励。

(2) 学生在这个过程中可能会有很多别的想法,教师应与学生多交流、讨论,多给学生思考空间,不要过于否定学生的答案。

(3) 学生在实验过程中容易出现操作不规范的情况,教师应及时进行指导。

(4) 在体验展项的过程中,部分学生在等待时可能会注意力不集中,教师应尝试布置小任务或维持好秩序。

向上“爬”的水

（刘书伟）

一、教学内容

通过生活中的毛细现象引入，让学生思考什么样的材料可以产生毛细现象。设计对比实验来观察哪些材料容易吸水，哪些材料不容易吸水，得出毛细现象的科学原理。最后利用道具制作一座美丽的彩虹桥。

二、教具

粉笔，棉柔巾，不锈钢筷子，一次性木筷，透明的一次性塑料杯，水，彩色颜料，纸巾等。

三、教学目标

1. 知识与技能

对比粉笔、棉柔巾、一次性木筷、不锈钢筷子的材料区别；了解哪些材料放入水中可以发生毛细现象，哪些材料放入水中不会发生毛细现象；找出两种材料的不同点并进行总结；总结什么是毛细现象；动手制作一座美丽的彩虹桥。

2. 过程与方法

用四种不同的材料进行实验，观察哪些材料可以吸水，哪些不能，思考这其中的奥秘，从而进入毛细现象的学习；探究两类材料的不同点，找出能够吸水的具体原因，并将自己的猜测和发现填写在表格中；动手操作，利用一次性塑料杯、水、颜料、纸巾制作一座彩虹桥。

3. 情感、态度与价值观

在了解不同材料的吸水性不同的过程中，启发对毛细现象的思考；在探索现有各种材料的区别的过程中，培养辩证性思维的能力；在动手制作的过程中，培养审美能力。

四、学情分析

教学对象：一至三年级学生。

认知特点：小学低年级学生对于毛细现象有了自己的认识，可以说出自己知道的一些日常生活中的毛细现象。同时，他们可以利用毛细现象原理动手制作小玩具。

五、教学过程

第一阶段：课程导入

教师提问："大家是否观察过毛巾吸水的现象？"通过图片、视频直观展示并介绍四种生活中常见的材料，激发学生的学习兴趣，让学生思考哪些材料容易吸水。学生讨论并回答教师提问。

第二阶段：实验探究

教师提问："能够吸水的材料有哪些？"让学生讨论并进行预测，引导学生学会逆向思维思考问题。在教师指导下完成实验，并将实验结果填写在事先准备的表格中。让学生观察两类材料的特点，并归纳总结毛细现象的科学原理。

第三阶段：实验制作

在教师指导下制作一座美丽的彩虹桥：在透明的塑料杯中加入水，分别倒入等量不同颜色的颜料；将纸巾折成条带状，将其两端分别放入不同的塑料杯中，观察现象。

第四阶段：作品展示

展示并介绍自己制作的彩虹桥，互相讨论交流。

六、授课照片

酒精沿着棉线上升

毛笔蘸墨写字

海绵吸水

七、评估与反思

在课程设计之初运用了探究式学习的方法来进行教学。在上课的过程中，还应用了情境式学习的方法。将情境式学习理论知识建构在特定目标的应用情境中，从而把个体的学习、发展与实践再密切联系。

无烟世界

(范博文)

一、教学内容

本课程通过模型简单介绍人体的重要呼吸器官——肺；通过简单对比普通茶叶和烟叶，让学生了解烟叶的相关历史；通过一系列的对比实验以及相关知识，让学生认识香烟的危害，不要被不实的网络宣传蒙蔽双眼，正确认识无论是哪种香烟，都同样会危害人体健康，同时要树立远离香烟的意识。

二、教具

塑料饮料瓶，白色橡胶管，化妆棉，水槽，白纸，平价香烟，高档香烟，电子烟等。

三、教学目标

1. 知识与技能

明确吸烟的危害所在，防止呼吸道、心血管和神经系统等疾病的发生。

2. 过程与方法

了解科学探索的一般过程；初步掌握观察、实验、对比和模型构建等科学研究方法。

3. 情感、态度与价值观

形成科学健康的生活方式，并能主动劝说身边的吸烟者自觉戒烟；配合学校开展健康教育，加强素质教育。

四、学情分析

教学对象：五、六年级学生。

认知特点：这个阶段的学生对周围的事物充满好奇，容易受到一些不良生活习惯的影响。一直以来，学生吸烟问题是教育工作中的棘手问题，应该引起学校、家长和社会的高度关注，需要加大普及健康教育的力度，确保青少年健康成长。

五、教学过程

第一阶段：认识人体重要的呼吸器官——肺

阶段目标：通过 PPT 演示，了解人体肺部结构及功能。

提出问题：什么东西对生命来说是至关重要的？人类是如何利用肺来进行呼吸的？

得出结论：肺是人体重要的呼吸器官。

设计意图：通过简单的了解，让学生认识到肺的重要性，为后续介绍烟草对肺部的危害奠定基础。

第二阶段：认识烟草

阶段目标：通过观察分辨茶叶和烟叶，了解烟叶的相关历史。

提出问题：香烟到底是怎么来的？人类最早是从什么时候开始抽烟的？

实验设计：学生两两一组仔细观察茶叶和烟叶，分别从颜色、大小、味道等方面区分两者。

设计意图：面对相似的事物要学会仔细分析两者的区别。即使再相似，本质却是完全不同的，让学生认识到透过现象看本质的重要性。

第三阶段：了解平价香烟对人体的危害

阶段目标：通过实验观察香烟在燃烧之后所产生的物质，来认识吸烟有害健康。

实验观察：白色橡胶管变黄，白色化妆棉上产生黑黄色的物质。

实验步骤：将两个塑料瓶底各钻一个小洞，再用蜡将其封住。瓶子内装满水，瓶口则用白色橡胶管套好，将橡胶管的另一端连接一只燃烧的香烟。之后将瓶底的小洞打开，瓶内的水则会流出并流到水槽内。利用气压差将香烟快速燃烧完，之后观察白色橡胶管的颜色变化。最后将瓶口的橡胶管取下，瓶口盖上一块化妆棉，通过瓶子底部的小口吹气，观察化妆棉上的残留物。

归纳总结：烟叶在燃烧后会产生大量的焦油等有害物质，通过最直观的视觉感受，了解香烟对人体的危害。

第四阶段：了解高档香烟对人体的危害

阶段目标：网络上有传言高档香烟对人体没有危害，通过实验验证传言的真伪。

实验观察：白色橡胶管的颜色变化以及化妆棉上的残留物。

实验验证：通过同时进行两个相同的实验，对比最后橡胶管的颜色变化和化妆棉上的残留物。

得出结论：香烟无论价格高低，对人体都是有害的。

第五阶段：了解电子烟对人体的危害

阶段目标：随着科技的发展，电子烟进入大众视野，有人认为电子烟完全不会危害人体健康。通过实验验证传言的真伪。

提出问题：传统香烟对人体有害，那电子烟没有烟叶燃烧，是不是就不会危害人体健康呢？

实验验证：通过相同的实验方法和步骤，将传统香烟换成电子烟，在相同的时间后，观察白色橡胶管的颜色变化和化妆棉上的残留物。

六、授课照片

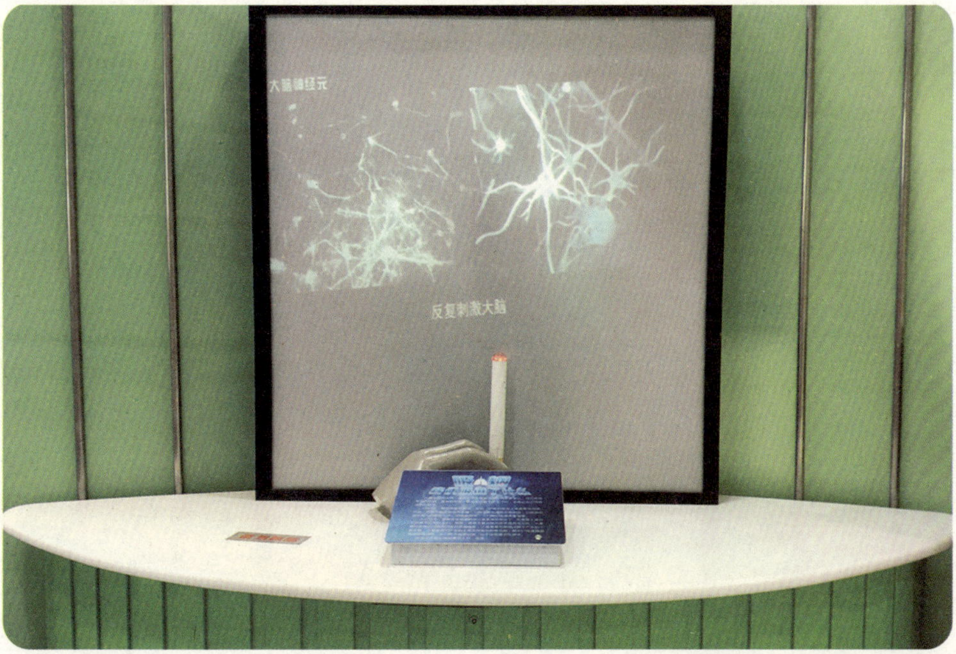

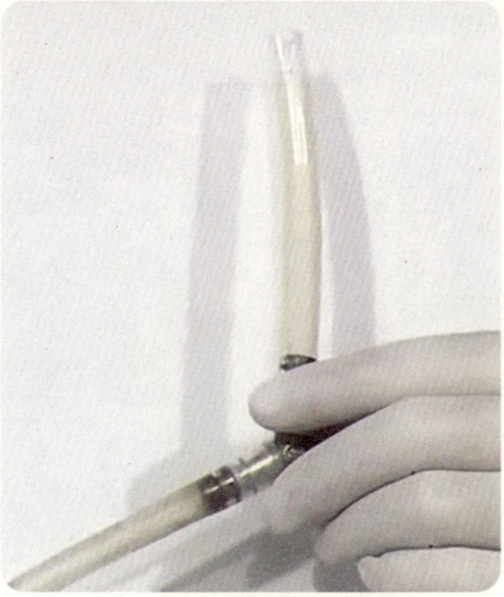

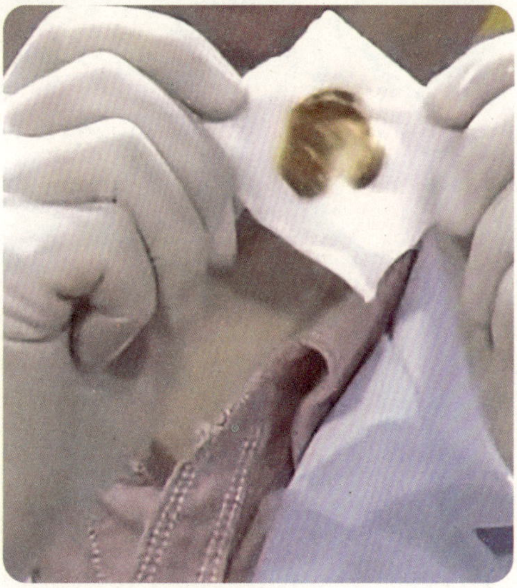

七、评估与反思

本课程完成度较高，学生基本能掌握相关知识，逐渐养成主动观察、认真分析、主动探究、得出结论、辩证看待问题的学习习惯。

揭开呼吸神秘的面纱

（徐倩）

一、教学内容

通过呼吸练习，讲解呼吸原理，动手制作模拟人体呼吸的模型，深入学习人体呼吸时的科学原理。

二、教具

塑料瓶，橡胶片，气球，Y形管，胶带等。

三、教学目标

1. 知识与技能

了解人体呼吸原理，动手制作模拟人体呼吸的模型。

2. 过程与方法

先让学生站立呼吸，感受呼吸时腹部的变化；利用道具模型演示呼吸原理；让学生用材料自制呼吸模型。

3. 情感、态度与价值观

通过制作模型模拟人体呼吸，了解呼吸原理，对人体结构感兴趣。

四、学情分析

教学对象：四至六年级学生。

认知特点：这个阶段的学生对人体有一定认知，对人体各大系统有简单的认识。

五、教学过程

第一阶段：话题导入

播放讲述呼吸原理的视频，让学生感受呼吸时身体的变化。

第二阶段：实验探究

让学生用所给材料自制呼吸模型。

第三阶段：回顾与反思

学生对呼吸有了明确的理解，并且很喜欢制作环节。

六、授课照片

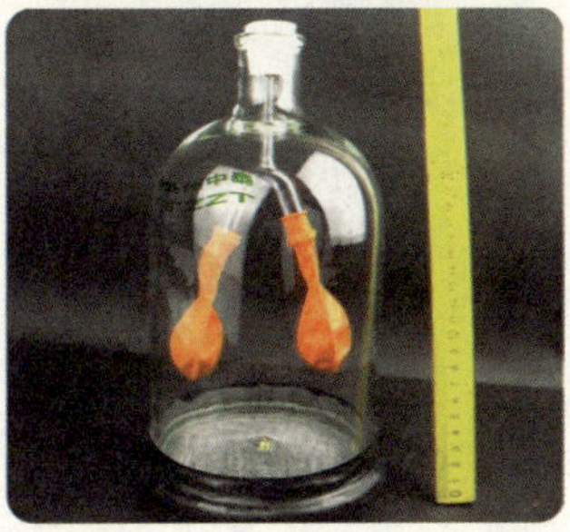

七、评估与反思

通过动手制作模型，加深学生对人体知识的理解。课堂中采用观察法、制作表格清单等教学方法，课程实施过程中学生兴趣浓厚。

保护我们的牙齿

（王兰）

一、教学内容

通过观察、探究、实验等，让学生认识牙齿，了解蛀牙的形成，掌握保护牙齿的方法。

二、教具

牙齿模型，牙刷，牙膏，鸡蛋，可乐，玻璃杯等。

三、教学目标

1. 知识与技能

认识牙齿的结构，了解乳牙和恒牙；了解蛀牙的危害。

2. 过程与方法

通过小实验了解碳酸饮料对牙齿具有侵蚀作用，会危害牙齿，唤起学生保护牙齿的欲望。

3. 情感、态度与价值观

培养保护牙齿的意识，认真学习巴氏刷牙法，好好刷牙，保护自己的牙齿。

四、学情分析

教学对象:学龄前儿童。

认知特点:学龄前儿童正处于即将开始换牙的时期,了解牙齿有助于帮助他们顺利度过换牙期。

五、教学过程

第一阶段:话题导入

播放动画视频,引入保护牙齿这一主题,同时让学生了解牙齿的构成。

第二阶段:实验探究

通过牙齿小实验,让学生认识蛀牙、牙菌斑、乳牙、恒牙,了解换牙期,以及如何保护牙齿,从而引出巴氏刷牙法。

第三阶段:拓展延伸

回到家把巴氏刷牙法教给自己的爸爸妈妈。

六、授课照片

七、评估与反思

在寓教于乐中学习关于牙齿的知识，并通过亲自动手学习正确的刷牙方法。开展本课程时发现学生们只知道刷牙能保护牙齿，但不清楚正确的刷牙方法，说明巴氏刷牙法还未普及。课程效果较好，设计了用鸡蛋代表牙齿的小实验，生动有趣。

7 亲近自然

067

桃花朵朵开

（郝思远）

一、教学内容

本课程通过观察、对比、实验等科学探究方法，让学生了解桃花、桃树的相关知识，培养学生热爱、尊重和保护大自然的情感。

二、教具

彩泥，塑料管，彩泥制作工具等。

三、教学目标

1. 知识与技能

了解桃花、桃树的相关知识。

2. 过程与方法

掌握一定的科学方法。

3. 情感、态度与价值观

培养对大自然的热爱之情，并且树立尊重和保护大自然的理念。

四、学情分析

教学对象：一至三年级学生。

认知特点：这个阶段的学生看到过桃花开放，但是还没有经过系统的学习和认知。要由浅入深，利用游戏互动等方式让学生了解桃花、桃树的相关知识，完成教学目标。

五、教学过程

第一阶段：话题导入

以春天路边开放的桃花作为导入话题，引起学生兴趣，引发学生关于桃花、桃树的思考。

第二阶段：实验探究

利用互动游戏、分组比赛、观察、对比、提出假设、验证猜想、动手制作的方法让学生了解桃花和桃树的相关知识。运用卡通化、可爱化的比喻，让学生深刻理解桃花的结构，最后亲手制作一朵“桃花”，加深对知识的认知、理解和运用。

六、授课照片

七、评估与反思

整个活动实施效果非常好，在桃花绽放的时节，学生热情高涨，积极配合，通过对比、观察等方法了解掌握了关于桃花和桃树的知识，同时也提升了对大自然的热爱之情。

二十四节气之谷雨

（徐倩）

一、教学内容

让学龄前儿童认识二十四节气，了解根据二十四节气来安排农事活动的科学性。以谷雨时节为例，展开专门讲解。

二、教具

卡纸，彩泥，剪刀等。

三、教学目标

1. 知识与技能

认识二十四节气，了解其蕴含的科学依据。

2. 过程与方法

以古诗导入谷雨节气；讲解谷雨节气的科学依据；讲解谷雨节气的习俗，根据气候及农事，运用材料制作彩泥作品。

3. 情感、态度与价值观

知道中华二十四节气是古人流传的智慧结晶，每一个节气都具有科学性，每一个节气背后的农事活动也都有科学依据。

四、学情分析

教学对象：学龄前儿童。

认知特点：学龄前儿童对天气和节日有基本认识，但是对二十四节气不了解，只知道个别有名的节气，比如清明等。

五、教学过程

第一阶段：话题导入

以古诗和生活现象导入话题。

第二阶段：讲授与演示

让儿童对二十四节气有所认识，能够明白二十四节气是中华传统文化，并且极具科学性。

六、授课照片

“初候萍始生”

“二候鸣鸠拂其羽”

“三候戴胜降于桑”

七、评估与反思

本课程让儿童认识中华传统文化——二十四节气，明白根据二十四节气来安排农事活动的科学性。课程中发现儿童对古诗中蕴含的二十四节气比较感兴趣，对二十四节气的历史兴趣不大，对古诗和节气的联系有很好的互动，对动手制作环节有兴趣，但动手制作能力欠缺一些。后续可以继续完善课程，将讲解范围拓宽一些，针对一至三年级学生。

蚯蚓安家记

（崔雯）

一、教学内容

本课程结合教科版小学一年级（下）科学课中“给动物建个‘家’”展开，以山西省科学技术馆儿童科学乐园展厅中《大树的世界》和《石头下的生机》两个展项为依托，带领学生了解森林里各种小动物的生存环境，探究和比较它们各自的生存环境的特点。最后以蚯蚓为例，探讨其生活习性及生存环境，结合自己的想象为其设计一个新家。

二、教具

蚯蚓，矿泉水瓶，泥土，沙子，水，吸管，纸盒，彩纸，蜡笔等。

三、教学目标

1. 知识与技能

了解不同动物的生存环境；概述其生存环境的特点；在实验操作过程中实现学习目标。

2. 过程与方法

了解科学探索的一般过程；初步掌握观察、实验、对比等科学研究方法。

3. 情感、态度与价值观

培养合作探究与动手操作能力；逐步塑造科学思维习惯与创新意识。

四、学情分析

教学对象：一年级学生。

认知特点：这个阶段的学生的学习以观察和描述为主，运用感官进行观察并对自己观察到的结果进行描述是这一阶段的教学重点。通过对展项的观察，有助于直接经验的获得，因此活动应尽量丰富学生的多感官体验。一年级学生已具备一定的小组活动经验，优先采用小组合作的形式开展活动，这样能激发学生的学习兴趣，还有助于培养他们分析问题和解决问题的能力。

五、教学过程

第一阶段：森林王国开放日

设计意图：以故事情境展开课程，引导学生观察探究各种动物的生存环境。

教学策略：学生在故事情境引导下参观展项；紧密围绕主题。

第二阶段：小蚯蚓想找新家

设计意图：通过观察记录和实验探究蚯蚓的生存环境，在探究过程中锻炼提问、观察、操作、对比分析等能力，培养团队精神，懂得合作分享。

教学策略：多感官学习；引导式探究；合作学习。

第三阶段：给蚯蚓装新家

设计意图：将理论知识转化为实践；作品展示环节使学生互相汲取优点，找出不足加以改进并锻炼表达能力。

教学策略：呼应活动开始时创设的情境，在原有情境基础上导入新的探究问题。

六、授课照片

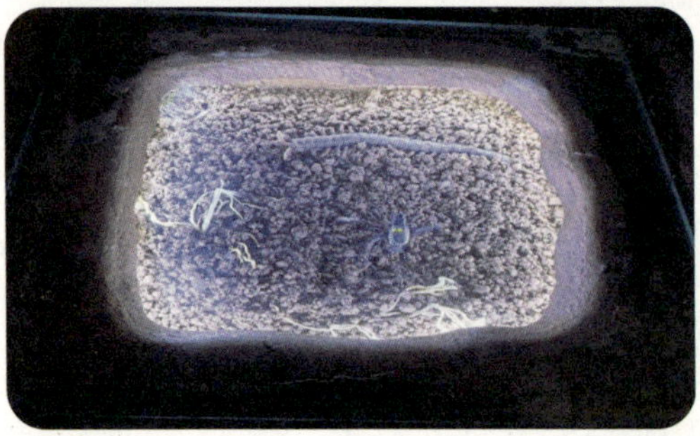

七、评估与反思

本课程让学生直观了解并探究为何泥土能满足蚯蚓的生存需求。首先提出假设，然后通过对比实验进行验证。培养学生的合作探究与动手操作能力，同时也逐步塑造学生的科学思维习惯与创新意识。

青蛙吃虫子

（范瑾）

一、教学内容

结合生活情境，使小朋友通过做手工的方式生动直观地了解青蛙怎样依靠舌头捕食。

二、教具

彩纸，胶棒，剪刀，细绳，胶带等。

三、教学目标

1. 知识与技能

了解青蛙的生长过程、外形特点以及青蛙的益处。

2. 过程与方法

通过做手工的方式，加深对青蛙的认识。

3. 情感、态度与价值观

激发动手操作能力，培养热爱大自然、保护益虫的思想感情。

四、学情分析

教学对象：学龄前儿童。

认知特点：学龄前儿童的认知活动基本上是在行动过程中进行的，他们由于注意力水平较低，观察的目的性较差、缺乏顺序性和细致性，不会有意识地识记某些事物，只有那些形象鲜明、具体生动、喜闻乐见、能引起强烈情绪的事物才容易被他们记住。所以本课程选择做手工的形式来进行授课。

五、教学过程

第一阶段：话题导入

猜谜语，引出青蛙。

第二阶段：实验探索

了解青蛙的成长过程。

第三阶段：实践模拟

动手模拟青蛙是怎么吃虫子的。

第四阶段：活动拓展

想一想还有哪些靠舌头捕食的动物。

六、授课照片

七、评估与反思

制作手工青蛙的时间一般在 15 分钟左右，而本次活动的时间却用了半个小时，比规定时间多出了一倍。由于低龄儿童的动手操作能力比较弱，在整个制作过程中需要老师逐个进行辅导帮助。后期应考虑低龄儿童的动手操作能力对课程的影响。

年轮里的时间

（傅丽）

一、教学内容

在山西省科学技术馆儿童科学乐园展厅寻找年轮并直观地了解年轮；学习关于年轮的知识；制作年轮手表，了解关于时间的古诗词，树立珍惜时间的意识。

二、教具

彩色A4纸，剪刀，有年轮的小型树干横截面，彩笔，双面胶等。

三、教学目标

1. 知识与技能

了解关于年轮的知识；学会制作年轮手表。

2. 过程与方法

通过开放性的制作过程，培养学生的观察力、创造力及团队协作能力，学会运用逻辑思维分析问题。

3. 情感、态度与价值观

通过制作年轮手表学习关于时间的古诗词;懂得时间的宝贵,不能浪费时间。

四、学情分析

教学对象:一至三年级学生。

认知特点:这个阶段的学生注重观察、启发和游戏体验,对年轮有初步认知,并且对时间观念有简单认知。

五、教学过程

第一阶段:课程导入

带领学生去儿童科学乐园展厅寻找年轮并直观地了解年轮。

第二阶段:学习年轮知识

学习关于年轮的知识,提升认知。

第三阶段:动手制作

以“做中学”的形式,让学生制作年轮手表,懂得时间的宝贵。

第四阶段:拓展延伸

学习关于时间的古诗词,将中华文化贯穿其中。

六、授课照片

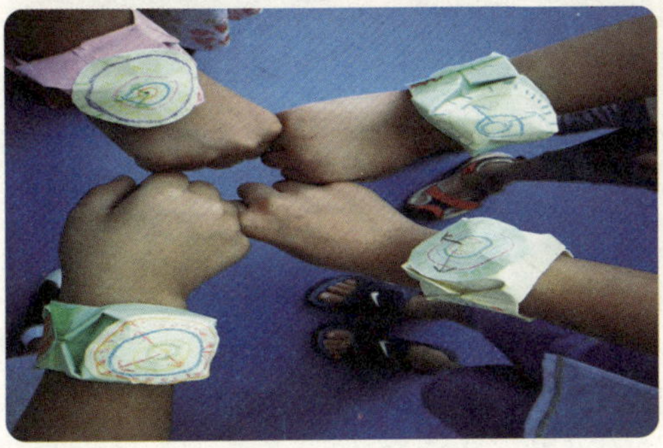

七、评估与反思

通过“做中学”的模式，帮助学生深化知识内容，建构自己的知识体系。通过开放式的教学过程，促进学生相互交流、相互学习，培养他们的团队合作意识。通过这样的活动形式，让学生理论联系实际，强化自身的知识运用水平，提高自己的生活技能。

化石与地质年代

（张安琪）

一、教学内容

本课程以“化石与地质年代”为主题，以“5E 教学法+探究式学习”为方法，以角色扮演、实验探究相结合的活动形式，促进学生将书本知识与生活经验相融合，提升学生的推理、预测、分析、解释、应用能力。

二、教具

化石挖掘模型，空牛奶盒，松软的土壤，沙、泥土或泥浆，叶片或草，各类谷物种子（如水稻、大麦、小米、小扁豆、豌豆粒），搅拌钵，硬质塑料吸管，木棒或塑料棒，纸，尺子等。

三、教学目标

1. 知识与技能

理解化石与地质年代的对应关系；了解碳定年法。

2. 过程与方法

引导学生以科学研究的方法主动获取知识和信息，综合运用学科知识解决问题。

3. 情感、态度与价值观

在动手制作的过程中，培养学生的创新意识、合作意识、责任意识，提高学生的实践能力、协作能力、表达能力。

四、学情分析

教学对象：五、六年级学生。

认知特点：这个阶段的学生经过几年科学课程的学习，基础知识比较扎实，再加上日常生活中从报纸、杂志、互联网和电视等途径中获得的信息，知识面已经比较广，基本掌握了实验结果及数据的统计、分析、对比的方法，具备一定的推理、归纳、判断的能力。因此，在开展本课程时，学生能够观察现象，进行思考，提出问题并解决问题。当教师要求学生完成某项任务（实验、制作等）时，他们能做出设计方案；当教师要求学生根据观察到的现象、实验数据等进行统计分析时，他们基本具有推理、归纳的能力。

五、教学过程

第一阶段：课程导入

角色扮演“假如我是考古学家”。

第二阶段：活动探究

模拟取岩芯。根据现象，思考问题。

第三阶段：拓展延伸

户外体验科考环境，引导价值观形成。

第四阶段：课程评价

多元评价，真实反馈学生学习情况。

六、授课照片

七、评估与反思

本节课的教学环节既相对独立，又互相联系，形成科学课堂教学闭环。每一个教学环节背后都蕴藏着其独特的教学理念和价值。本节课旨在引导学生像科学家一样思考和学习，引导学生深刻理解科学概念，培养学生的科学探究能力，帮助学生实现概念转变并构建科学概念，促进学生在认知领域、人际交往领域和自我领域的发展。

诗词中的科学之海陆变迁

（董金妮）

一、教学内容

本次活动针对地球与宇宙科学领域的教学内容，以“海陆的变迁”为主题，通过诗词导入课程，综合利用山西省科学技术馆展品“大陆在漂移”等教学资源，以“基于实验的探究式学习”为教学理念，以体验式学习、多感官学习等为教学方法，以实验、游戏为主要形式，使学生认识到海陆变迁的主要原因，了解大陆漂移学说和板块构造学说的基本观点，掌握科学研究的基本方法，培养学生追求真理和敢于质疑的科学精神。

二、教具

学习单，报纸，剪刀，鸡蛋，《六大板块分布示意图》，《七大洲模型图》，《世界地形图》，《世界主要山系分布图》，《世界主要火山、地震带分布图》，铅笔，两张桌子，半盆清水，海绵纸，吸管，“宝盒”（内附纸条）等。

三、教学目标

1. 知识与技能

举例说明地球表面海陆的变迁，掌握海陆变迁的主要原因；了解大陆漂移学说和板块构造学说的基本观点；能说出世界著名山系及火山、地震带分布与板块运动的关系。

2. 过程与方法

通过分析地图，培养读图能力；感受科学研究的乐趣并掌握科学研究的方法。

3. 情感、态度与价值观

通过列举海陆变迁的证据，让学生树立海陆不断变化的辩证唯物主义科学观点；通过魏格纳的故事，鼓励学生要仔细研究，学习勇于挑战权威和敢于质疑的科学精神；通过大陆漂移学说和板块构造学说的发展变化，进行科学发展史的教育，培养学生追求真理的勇气和探索精神。

四、学情分析

教学对象：五、六年级学生。

认知特点：这个阶段的学生对地球的形状和大小有初步的认识，知道地球表面海陆分布的大致情况。但是由于关于海陆变迁的这部分内容在生活中不容易被观测到，因此想要顺利完成本次教学目标仍然存在一定难度。在教学中要使用不同的教学方法，在知识深度把握上也要注意到学生的实际接受能力。

五、教学过程

第一阶段：教学活动引入

先吟诵诗歌——李商隐的《寄远》，通过沧海桑田所表达的含义引发学生对海陆变迁的思索，再通过我们生活的地方的海陆变迁导入所学内容。

第二阶段：海陆变迁的实证、大陆漂移学说

用 PPT 展示“太原的海洋生物化石”“喜马拉雅山上的海洋生物化石”“我国东部海底的古河流遗迹”“荷兰的围海大坝”这三组图片，填写学习单(表 1)。

表 1　学习单

现　　象	变迁情况	原　　因
太原的海洋生物化石	海→陆	海平面升降
喜马拉雅山上的海洋生物化石		
我国东部海底的古河流遗迹		
荷兰的围海大坝		

观察以大西洋为中心的世界海陆分布图。用撕开后的报纸来模拟大陆轮廓边缘，找到对应的报纸后拼合起来，并且说出自己拼合的根据。

教师引导学生归纳：大西洋两岸轮廓线相似虽然可以说明曾经可能是同一块土地，但也可能是巧合。好比报纸表面的文字和图案都吻合才是真的吻合，陆地表面和内部也要有对应的“文字和图案”吻合，才能证明大陆曾经相连的结论。

学生体验《大陆在漂移》展项，了解魏格纳的故事。为学生提供魏格纳寻找到的六个证据。学生思考每种证据的发现说明了什么，这些证据是否支持魏格纳的“大陆漂移说”。接着进行实验探究：将魏格纳寻找到的化石类证据标注在世界地图上，按轮廓剪下各大洲，凭借化石线索拼出海陆分布原来的样子。播放动画演示 2 亿年前至今的海陆变化，与实验结果相互验证。学生尝试说出大陆漂移说的主要内容。

视频播放：当时权威的地质学家坚信“海陆固定论”，认为魏格纳是外行人，“大陆漂移说”不过是“七巧板游戏”。质疑者对魏格纳寻找的证据进行反驳。为了进一步证明大陆漂移，魏格纳又再次寻找证据。在 50 岁生日那天于格陵兰岛遇难，他一生都在探索的征途中。

第三阶段：板块运动

展示历史时间轴，展现“板块构造说”的诞生历程。

设置闯关寻宝游戏。

第一关：敲鸡蛋求结构

用敲碎的鸡蛋壳模拟地壳，归纳出地壳的特点，在地球表面破碎的地壳就是板块。

第二关：爱“拼”才会赢

初拼图识板块。

分发一套六大板块拼图模型，拼图后回答问题：地球表层可分为几大板块？名称是什么？还有什么新发现？

再拼图明关系。

将七大洲模型图粘贴于六大板块拼合图上，观察后回答问题：板块的名称与七大洲四大洋的命名有什么样的关系？哪一个板块几乎全部是海洋？中国、澳大利亚分别在哪个板块？印度半岛、阿拉伯半岛在哪个大洲，在哪个板块？

发现板块构造示意图上存在“← →”“→ ←”符号。(转入板块运动内容)回答这两种符号分别表示哪一种板块运动。

第三关：游戏探究地壳的活跃与稳定

学生拿铅笔分别放在桌子中间和两张桌子之间，摇几下桌子，发现放在桌子中间的铅笔只是微微晃动，放在两张桌子之间的笔晃得厉害并掉在了地上。联想到六大板块上，得出板块内部比较稳定，板块与板块交界处地壳比较活跃的结论。

将两张纸对接，用力挤压再向外拉伸，模拟张裂拉伸和碰撞挤压两种板块运动。学生得到隆起成山和断裂成谷及继续向外扩张成海的猜测。在《世界地形图》上找到喜马拉雅山脉、阿尔卑斯山脉、科迪勒拉山系位于板块的挤压部位，红海位于板块的张裂部位。证明猜测。

将《世界主要山系分布图》和《六大板块分布示意图》重合发现：碰撞挤压常常形成山脉，张裂拉伸常常形成裂谷或海洋。

第四关：我爱做实验

在半盆清水表面放上用海绵纸剪成的六大板块，拼成一个“泛大陆”。学生将吸管放入海绵纸下面的水里轻轻吹气。得出结论：板块内部比较稳定，板块与板块交界的地方地壳比较活跃，通过实验猜想此处可能形成火山、发生地震。

将《六大板块分布示意图》与《世界主要火山、地震带分布图》叠合在一起，发现世界火山、地震带的分布基本与板块交界线有很多的重合，验证了上述猜想。结合中国汶川、九寨沟的位置和日本的位置，说明汶川大地震和九寨沟地震、日本大地震的发生及海啸的形成原因，对学生进行防震减灾教育。

第五关：我是小小预言家

预言红海、地中海的发展，介绍喜马拉雅山的形成并预言它的发展。

闯过了五道关卡，距离宝藏只剩最后一步，说出通关密码——这节课收获的知识。

学生总结完后寻找“宝盒”（里面附有纸条）。分享教师寄语。

第四阶段：作业布置

解决生活中的两个问题：(1) 印尼新闻截图：“印尼发生 7.3 级地震，已发海啸预警，是火山地震多发国家。”你知道原因吗？(2) 珠穆朗玛峰截图：“我是世界最高峰，今天体检啦，身高 8848.86 米，你们猜猜我还能长高吗？”

六、授课照片

七、评估与反思

针对海陆变迁这一知识点，查找有关的实验和游戏，选取有探究成分的进行改造，形成本次教育活动，活动效果理想。

“刹那之间”之地震避难

（程文娟）

一、教学内容

本活动针对“地震避难”知识点，从绘本《地震来了》导入，提出“什么是地震？”并以探索的形式开展。学生在视频、图片、实验中找到问题的答案，并进入地震小屋亲身感受地震，更深入地学习地震避难的知识。

二、教具

打孔冰棒棍，固定器等。

三、教学目标

1. 知识与技能

知道什么是地震；了解地震避难的正确方法；了解三角形的特性。

2. 过程与方法

掌握地震来临时正确避难的方法。

3. 情感、态度与价值观

了解地震发生的原因及发生地震时应如何避难，体会科学与生活的关系，使学生可以在今后的生活中利用所学知识；通过绘本、影视、实验让学生感受在“玩”中发现答案的乐趣。

四、学情分析

教学对象：一、二年级学生。

认知特点：这个阶段的学生年龄较小，自主发展的意识和能力还不完善，理解能力欠缺，但好奇心强，需要老师的带领和引导。在学习的过程中结合学生的实际情况进行引导，让学生了解地震与地震避难知识，遇到地震灾难发生时可以利用所学知识。

五、教学过程

1. 课程引入

讲述《地震来了》绘本，引出问题“什么是地震?”。观看《唐山大地震》影片，提出地震的预警方法。

2. 展项体验

依托《地震避难》展项，体验地震，学会正确躲避。

3. 实验探究

通过实验探究得出三角形是最稳定的图形的结论。

六、授课照片

拉一拉，你发现了什么？

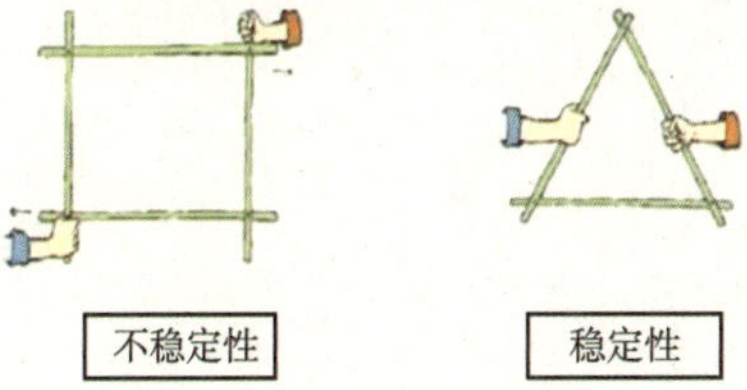

发生地震时一定要找到可以构成三角区的空间去躲避

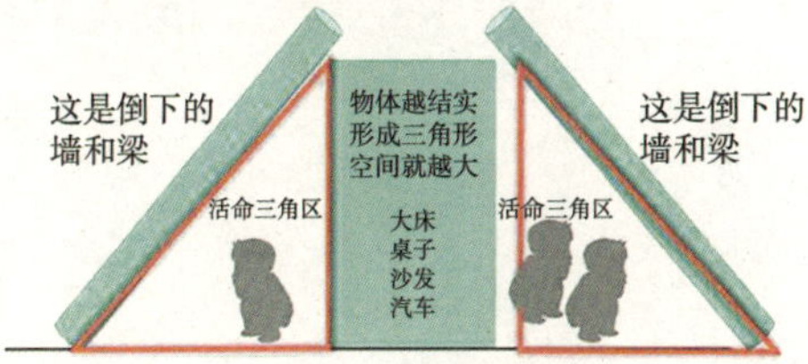

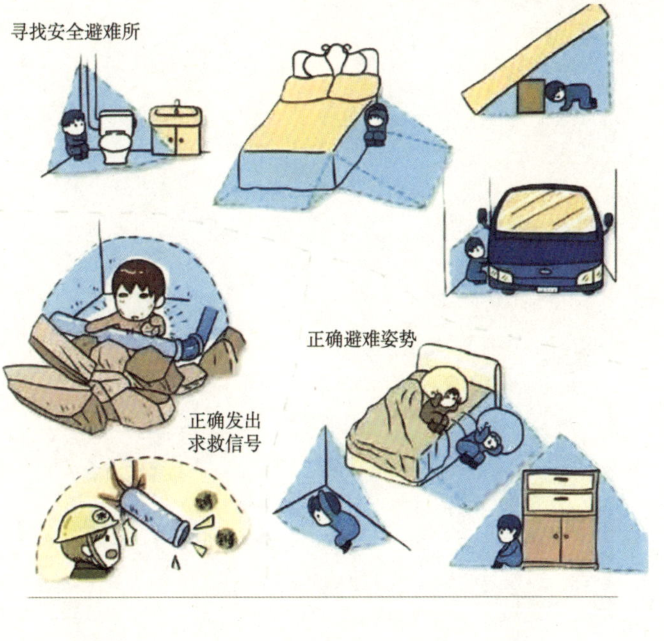

七、评估与反思

学生在整个学习过程中非常配合，积极性很高，学会了使用观察、对比、猜想、验证等科学方法，同时了解和掌握了三角形的特征并能进行应用。

8 仰望苍穹

闪耀的星空

（闫夏）

一、教学内容

针对一至三年级学生，以“认识星空”为主题，以实验和探究为主要形式，以体验和讨论学习为主要教学方法，采用多媒体和模型等辅助技术手段，让学生了解星象的相关科学知识。

二、教具

“制作星象仪”实验箱，制作完成的北斗七星模型，纸和笔，剪刀，直尺，胶带等。

三、教学目标

1. 知识与技能

知道我们看到的星星可能是恒星、行星、卫星，甚至星系；了解星等的概念；认识北斗七星，能通过北斗七星找出北极星，并会判断四季；了解星座的起源与划分，认识夏季星座；学会制作实验仪器。

2. 过程与方法

掌握将看到的自然现象用实验进行分析归纳、演绎推理的方法；提升探究中所用到的过程技能，如收集的技能、创造的技能、操作的技能等；能够运用类比的思维方法，将小实验的模型与知识点联系起来。

3. 情感、态度与价值观

对观察星象产生初步的兴趣；在实验过程中强调发扬团结合作的精神；培养学生的动手能力。

四、学情分析

教学对象：一至三年级学生。

认知特点：这个阶段的学生具备小学程度的物理、化学等相关知识，认知能力强，对科学知识兴趣浓厚。

五、教学过程

第一阶段：关于星星的知识

观看精美震撼的星空视频，引发对星星的讨论，创设学习星象的情境。

第二阶段：认识北斗七星

通过北斗七星模型建立空间概念，掌握北斗七星蕴含的知识点。

第三阶段：认识星座

了解星座的概念是怎么来的，制作星象仪，认识星座。

六、授课照片

七、评估与反思

本活动的重点在于了解有关星星的知识，掌握北斗七星蕴含的知识点，以及动手制作星象仪并认识星象仪上的星座，通过北斗七星模型了解星座的实质，建立空间概念。延伸认识夏季星座，引发学生在生活中观察星座的兴趣。与多媒体相结合，创设合情合理、符合学生心理特点及情感需要的情境，有助于提高学生对这部分知识的感悟和理解。

分等级的星星

（庞志琴）

一、教学内容

通过观察、实验、对比等科学探究方法，让学生了解星等的概念，知道如何区分星等，并探究距离是如何影响星等的。

二、教具

4个大小不一的手电筒，米尺，标签，代表10颗星星的小贴纸，活动星图等。

三、教学目标

1. 知识与技能

培养解决问题的能力；在日常生活中亲近科学、运用科学，逐渐养成科学的生活习惯和行为方式。

2. 过程与方法

引导学生分析事物之间的因果关系，注重观察实验中的测量过程，控制变量、采集数据，并对实验结果做出自己的解释，验证自己的假设。

3. 情感、态度与价值观

亲身经历科学探究的过程，体会科学探究的乐趣，理解科学的真谛，逐步学会科学地看问题、想问题。

四、学情分析

教学对象：四至六年级学生。

认知特点：这个阶段的学生对星空很感兴趣，但还没有具体了解星等的概念。教学中要积极引导学生汇总客观事实，逐渐养成良好的思维方式，要求学生能够提出质疑，增进对研究对象的了解；不仅会收集和了解事实，而且要学会对事实进行加工、整理、抽象和概括。

五、教学过程

第一阶段：课程导入

“天上星星亮晶晶，数来数去数不清……”通过耳熟能详的儿歌导入，引出问题：天上的星星真的数不清吗？

第二阶段：了解星等

通过活动星图了解星星，进而学习星等的概念（星等是天文学上对星星明暗程度的一种表示方法，也就是给星星划分等级）和分辨星等（星等的值越小，星星就越亮；星等的值越大，星星就越暗）。

第三阶段：对比探究

进一步引出问题：光线会影响星星的星等吗？如何影响呢？通过对比，举例探究答案。

六、授课照片

5月MAY
6月JUNE
4月APR
MARCH
旋转星座图
2月 FEBRUARY
8月 AUGUST
北
东
西
南
东北
西北
11月 NOVEMBER

活动星图

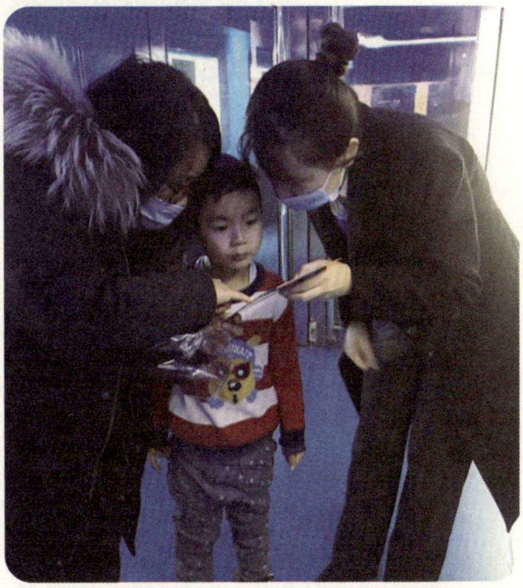

七、评估与反思

课堂上的整体教学效果非常好，有针对性的指导，使学生更容易获得提高。课上注意与学生的互动环节，提高学生的自主探究意识，引出问题，同时引导学生探究答案。在以后的课程中还需要加强创新意识，拓宽知识的广度和深度，多方面培养学生思考问题的能力。

课程设计还有不足和需要改进的地方：

(1) 对照课标的能力还需要提高。

(2) 对学生的引导和激励方面做得不够。

嫦娥工程——中国人的探月梦

（张安琪）

一、教学内容

本课程以“嫦娥工程——中国人的探月梦”为主题，以“研学＋探究式学习”为形式，以“探月工程三步走”为内容，促进学生将书本知识与生活经验相融合，着重培养学生以点到面的发散性思维，以实验探究、角色扮演相结合的活动形式，从而实现“了解宇宙速度”“认识作用力与反作用力”“发现伯努利原理”的教学目标。

二、教具

计算机，显示屏，水火箭材料包，小石子等。

三、教学目标

1. 知识与技能

认识中国四大卫星发射基地；认识作用力与反作用力；了解宇宙速度和伯努利原理。

2. 过程与方法

引导学生以科学研究的方法主动获取知识和信息，综合运用学科知识解决问题。

3. 情感、态度与价值观

培养创新精神和合作意识，提高实践能力和协作能力。

四、学情分析

教学对象：五、六年级学生。

认知特点：这个阶段的学生经过几年科学课程的学习，基础知识比较扎实，基本掌握了实验结果及数据的统计、分析、对比的方法，具备一定推理、归纳、判断的能力。再加上平常生活中从报纸杂志、互联网和电视等途径中获得的信息，知识面已经比较广。因此，在开展馆校结合研学课程时，学生看到视频或展品、实验呈现的科学现象后，能够联想或运用到课堂上已学习的知识和生活经验，能够观察并提出问题及做出解答。当教师要求学生完成某项任务（实验、制作等）时，他们能做出完成任务的设计方案；当教师要求学生根据观察到的现象、实验数据等进行统计分析时，他们基本具有推理、归纳的能力。

五、教学过程

第一阶段：课程导入

观看太原卫星发射基地的介绍视频，了解基本航空航天知识。

第二阶段：实验探究

动手制作水火箭。

第三阶段：活动拓展

假如你是探月工程的总设计师，围绕探月工程“绕、落、回”三步走，由你来制订一个发射计划。发射计划主要考虑以下三点：

（1）水火箭如何发射升空？

（2）水火箭如何在月球表面安全着陆？

（3）水火箭如何返回地球？

六、授课照片

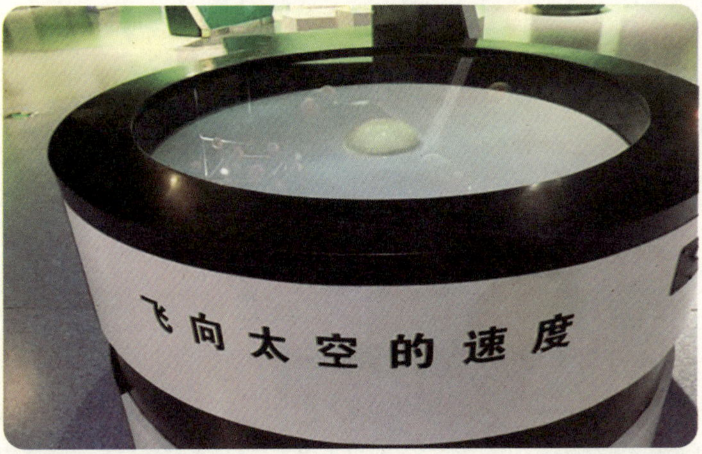

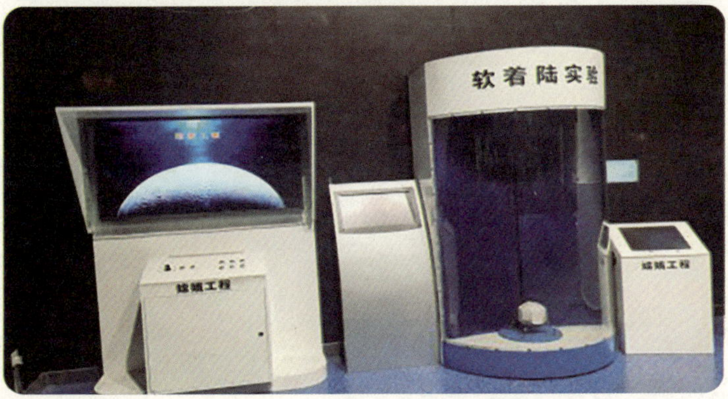

七、评估与反思

本活动采用“研学＋探究式学习”的形式开展，一方面充分发挥学生的主观能动性和满足个体的兴趣点，另一方面在相互竞争关系中学会合作和倾听，学会尊重和欣赏不同的意见。

本活动具有开放式和发散式特点。通过一个个任务的完成，发现现象背后所隐藏的科学道理，让学生对事物的复杂关系和多重属性有基本的认识，从而为他们今后的学习和发展奠定良好的基础。

天文望远镜的彩色滤光片

（庞志琴）

一、教学内容

通过用天文望远镜观测太阳，了解太阳活动规律，引出问题：日珥和黑子照片的颜色有什么不同？借助多媒体展示不同颜色的太阳照片，激发学生探索热情。让学生动手制作滤光轮，了解滤光片的作用。

二、教具

彩色玻璃纸，美工刀，吸管，双面胶，剪刀等。

三、教学目标

1. 知识与技能

初步认识滤光片；学习如何正确使用滤光片；了解天文望远镜的彩色滤光片的作用。

2. 过程与方法

制作一个彩色滤光片，并用它来观测物体，启发思考；通过参与科学探究，有初步的信息处理能力。

3. 情感、态度与价值观

乐于观察、发现问题、列出问题清单，找到答案；具有对科学的求知欲，激发对天文学的探究兴趣。

四、学情分析

教学对象：一至三年级学生。

认知特点：学生在参观过程中，会对滤光片下的太阳产生一系列猜想。本课程旨在提高学生探究性学习、自主学习的能力，提高解决问题的能力，能够利用所学知识解释生活中的现象。

五、教学过程

第一阶段：课程导入

提出问题：大家接触过天文望远镜吗？它和普通望远镜有哪些不同呢？带领学生用天文望远镜观测太阳。

第二阶段：实验探究

利用多媒体展示不同滤光片下的太阳，并提出问题，引导学生探究同一物体不同颜色的原因。学生自主设计滤光轮，验证自己的观点。

六、授课照片

七、评估与反思

(1) 多感官学习：为学生提供实物材料(教具等)，辅以多媒体资料(视频、图片等)，使学生从视觉、触觉、听觉等多方面获得体验。

(2) 引导式探究：以学习记录表为导向，既为主题探究提供思路，又给学生留下独立思考和创新的空间。

(3) 合作学习：小组分工协作，鼓励讨论与分享，充分发挥学习共同体的创造性。

失忆的太阳

（王嫔）

一、教学内容

通过山西省科学技术馆宇宙与生命展厅《超新星爆发与构成人体的原子》《银河系在旋转》《我们的太阳是第三代恒星》展项，以创设情境的方式，帮助“失忆”的太阳回忆前世与今生。

二、教具

白板，白板笔，A4 纸，铅笔，地垫等。

三、教学目标

1. 知识与技能

了解恒星形成的原因、演化历程及判定恒星次序的方法；概述其演化过程；增强表现能力。

2. 过程与方法

培养操作、观察、推理、迁移的能力以及语言表达能力。

3. 情感、态度与价值观

培养自主探究能力，树立正确的宇宙观；团队协作，懂得合作和分享；树立自主探究与创新意识。

四、学情分析

教学对象：三、四年级学生。

认知特点：小学生对宇宙和恒星的概念已形成初步认知，但这种认知还停留在表层。考虑到三、四年级学生已具备一定的小组讨论经验，优先采用小组探究的形式开展活动，这样不仅能激发学生的学习兴趣，还有助于培养他们分析问题和解决问题的能力。

五、教学过程

第一阶段："失忆"太阳寻帮助

同学们，欢迎你们来到科技馆！今天的任务有点不同寻常，我们熟悉的好朋友太阳失去了"记忆"，需要我们一起帮它回忆前世与今生！而线索就藏在科技馆的展项中。谁能帮我找到呢？

第二阶段：恒星形成初探究

（请同学们闭眼转身，黑衣人出场）"老朋友们，我们又见面了！或许你会觉得我很奇怪，跨越50亿年，我怎么会认识你们？哈哈，早在宇宙诞生之初，我们就见过面了！你们身体里的每个原子都来自一颗爆炸了的恒星，我们的一切都是星辰！你们来得有点早，此时此刻，太阳还没出场呢！要想知道太阳的身世，要先从'超新星'说起！"

第三阶段：太阳"寻亲"有结果

根据刚才的推理，我们知道太阳来自一颗比它大很多倍的恒星的爆发，它就是太阳的"爸爸"。

六、授课照片

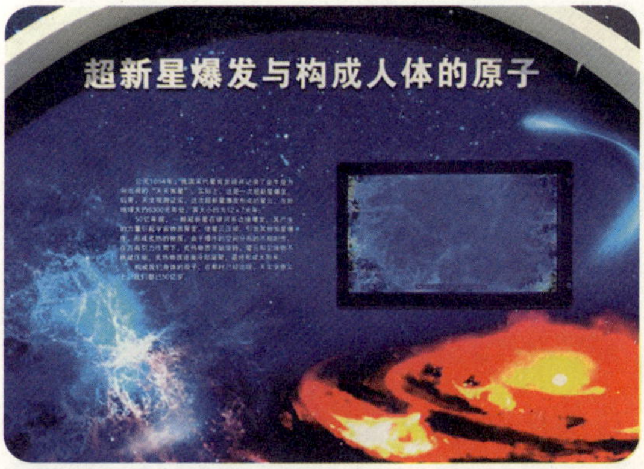

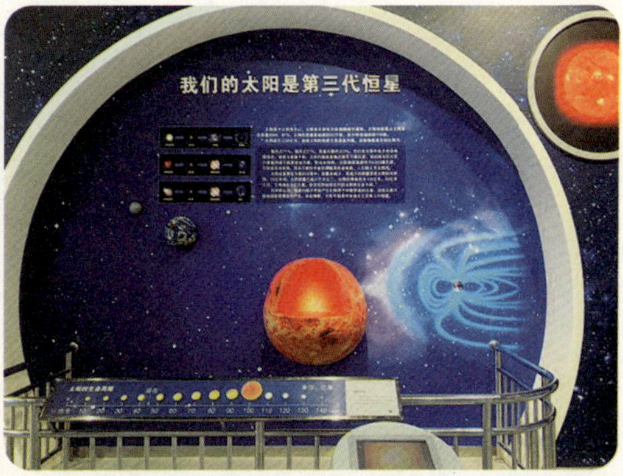

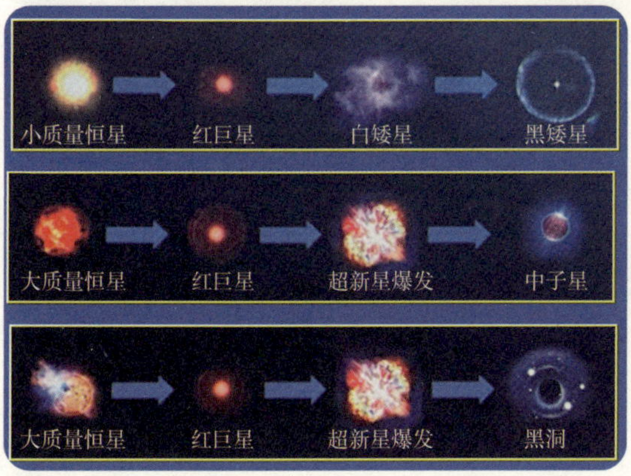

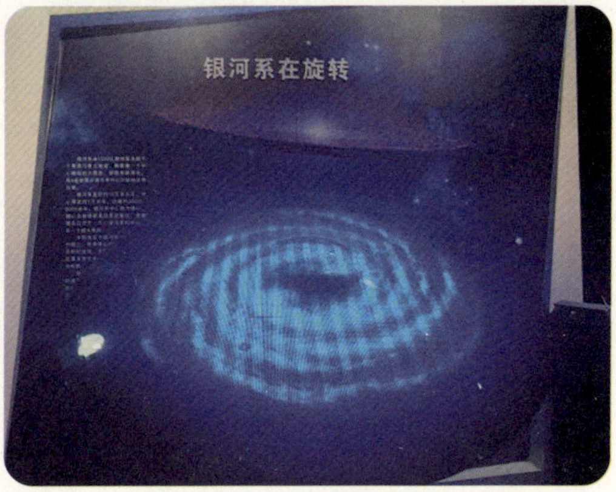

七、评估与反思

探究学习应建立在实践的基础上；教育活动应建立在展项的深度挖掘上。

080

月亮的心情

（孟学瑞）

一、教学内容

通过观察、对比等科学探究方法，让学生认识月相，通过互动模拟月相的变化规律，掌握月亮的阴晴圆缺的变化过程，并进行总结。

二、教具

月相变化的图像资料，明暗球（将一个较大的球一面涂成黑色，一面涂成白色），黑板，支架，笔，记录纸等。

三、教学目标

1. 知识与技能

初步认知月亮总有一面始终是朝向地球的，所以月亮才会有正反面之分；了解月相的产生，拓展并应用到生活中。

2. 过程与方法

进行探究式学习，探究不同的月相，从多种假设里挖掘事实，并获得直接经验；根据探究得出的结论，阐述月相变化过程，掌握与展项相关的知识，体会科学探究过程；体验、理解和应用科学研究方法，培养探究能力，最后得出正确的结论。

3. 情感、态度与价值观

创设教学情境，让大家了解到科学其实充斥在生活的方方面面，培养学生动手操作能力、学习思维能力和创造力。

四、学情分析

教学对象：四至六年级学生。

认知特点：这个阶段的学生对月亮为什么有光及月亮为什么能变换不一样的形状的理解往往只停留在表面，不能完全了解其中的内涵。设计此次活动希望学生对这个知识点加深印象并启发兴趣。

五、教学过程

第一阶段：主题导入

通过展项《月球》作为基础，让学生初步认知月亮总有一面始终是朝向地球的，所以月亮才会有正反面之分。提出问题：月亮的阴晴圆缺是地球的遮挡造成的吗？

第二阶段：互动模拟

创设情境，将学生分为三组，观察月相的变化规律图，讨论得出结论。月相的七种变化分别是满月、蛾眉月、上弦月、下弦月、上凸月、下凸月、残月。

第三阶段：了解月相与农历

通过前面月相的学习，已经完全掌握了月亮的阴晴圆缺的变化过程，进行总结。最后寻找身边的相关科学知识，将科学与生活联系起来。

六、授课照片

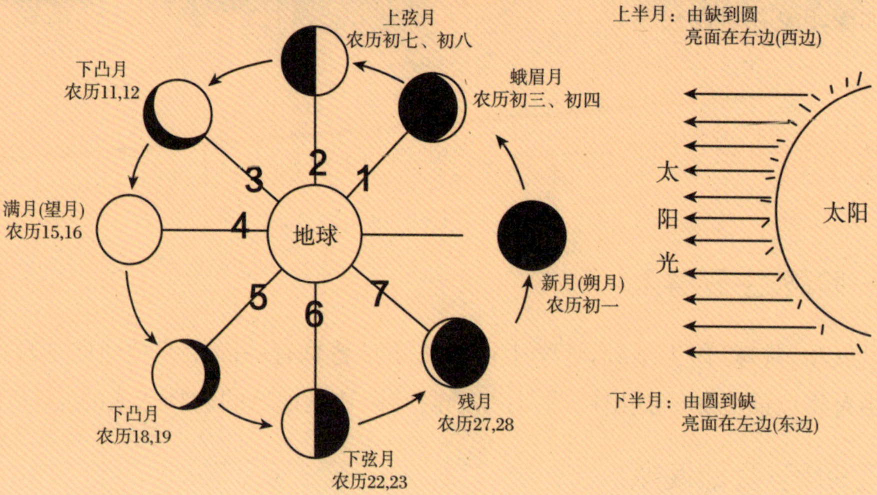

七、评估与反思

通过本课程的学习，学生们知道了一个月里的月相变化，是由于月球是一个不发光、不透明的天体，它总是自西向东围绕地球公转，在这个过程中，地球上观察月球的角度改变了，所能见到的月球亮面的形状也随之变化而造成的。让学生自己进行深度的探究学习，理解其中的科学原理，从而达到更好的教学效果。

月亮的阴晴圆缺

（闫夏）

一、教学内容

本活动围绕“月相变化”这一知识点，让学生在情境设计中认识月球，在探究实践中掌握月相变化的原因及规律。

二、教具

剪刀、胶带、文具、实验箱器材（大泡沫球、小泡沫球、月相卡纸、电池盒、电池、小灯泡、导线、支架、双面胶）等。

三、教学目标

1. 知识与技能

知道月相的概念、成因及变化规律；拓展了解月食和日食是什么及其成因；学会制作实验仪器，通过操作模型来解释自然现象。

2. 过程与方法

根据已有的现象进行思考，了解月球、地球和太阳的运行位置以及当天的月相；利用模拟实验，观察月相，明白月相变化的规律。

3. 情感、态度与价值观

启发学生对观察月相产生初步的兴趣；在实验过程中强调发扬团结合作的精神；培养学生坚持记录的习惯。

四、学情分析

教学对象：四至六年级学生。

认知特点：月亮的阴晴圆缺在生活中时刻伴随着我们，善于观察的学生一定在心中提出了许多疑问和设想，在课堂中，这样的渴望将极大地激发学生的学习兴趣并提高其在课堂中的参与度。

五、教学过程

第一阶段：情境导入

由中秋节引起对月亮的遐想，通过提问有关月亮的诗句，创设学习月相的情境。

第二阶段：实验探究

通过分组，完成模型的制作与操作，掌握科学原理。

第三阶段：复习课程，课后观察

通过复习，巩固加深记忆，引导学生进行课后观察，延伸学生兴趣。

六、授课照片

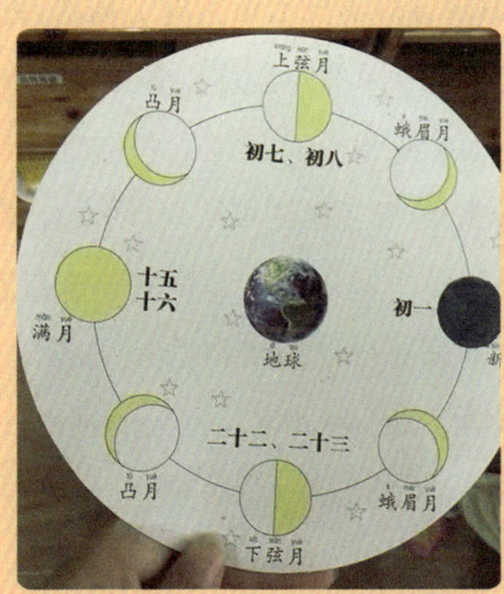

星期日	星期一	星期二	星期三	星期四	星期五	星期六
3月12日 初二	3月13日 初三	3月14日 初四	3月15日 初五	3月16日 初六	3月17日 初七	3月18日 初八
初九	初十	十一	十二	十三	十四	十五
十六	十七	十八	十九	廿十	廿一	廿二
廿三	廿四	廿五	廿六	廿七	廿八	廿九
三十	初一	初二	初三	初四	初五	初六

七、评估与反思

该课程在中秋节期间在山西省科学技术馆实施 7 场次，进校园 1 场次，共 100 人参与活动。在本节课的设计与实践中，深刻体会月相的变化是本节课的教学难点，因为空间宇宙的知识内容非常抽象，而学生没有直接经验和生活体验，又缺乏空间想象力，所以月相模拟实验是本节课的关键。与多媒体相结合，创设合情合理、符合学生心理特点及情感需要的情境，有助于提高学生对这部分知识的感悟和理解。学生通过小组合作探究，将亲眼所见的现象记录下来并加以比较和思考，加深对科学知识的理解，同时也能产生自己的见解，体验合作学习的乐趣和实验探究的过程，还能从枯燥无味的学习中解脱出来，成为课堂教学的主体。

月亮姑娘做衣裳

（王嫔）

一、教学内容

该课程针对的具体教学对象是学龄前儿童。针对月亮变化的科学内容，以“月亮姑娘做衣裳”为主题，以多感官学习和情境教学为主要教学方法，以观察分析、分组制作为主要形式，并采用动画视频和自制道具等辅助技术手段，使学生深入了解月相。

二、教具

投影仪，太阳、地球、月球模型，彩泥月饼范例等。

三、教学目标

1. 知识与技能

了解月亮阴晴圆缺的特点；了解自然现象，以及自然现象对人类生活的影响；了解月亮变化的相关科学知识，提升科学内涵；了解月饼的由来；学会鉴别新鲜月饼以及过期月饼；掌握彩泥制作步骤，学习用彩泥捏制月饼。

2. 过程与方法

掌握彩泥造型方法、色彩搭配，体验彩泥形、色带来的美感，激发想象力；把月饼原有的形象根据想象加以夸张或改变，打破原有的造型定势。

3. 情感、态度与价值观

在创作过程中强调发扬团结合作的精神；激发热爱自然科学的兴趣；将科学知识与艺术创作巧妙结合。

四、学情分析

教学对象：学龄前儿童。

认知特点：学龄前儿童对月亮的变化已形成初步认识，但这种认知还停留在表象层面，对于月亮的变化原因还未掌握。对实物材料（PPT、图片、自制道具）的观察有助于直接经验的习得。考虑到学龄前儿童的特殊性，优先采用小组探究、参与互动的形式开展活动，这样不仅能激发他们的学习兴趣，还有助于培养他们分析问题和解决问题的能力。

五、教学过程

第一阶段：故事欣赏，激趣导入

情境创设："小朋友们，你们平时看到的月亮是什么样子的呢？"出示月亮不同时期的图片，使小朋友们深入理解。

感知故事内容：

提问："你们见过的月亮为什么会不一样呢？如果有一天月亮姑娘想做衣裳了，又会发生什么事情呢？"

播放《月亮姑娘做衣裳》的视频，并提问："为什么月亮姑娘做不成新衣裳呢？"继续提问："为什么月亮姑娘会有这样的变化呢？"分角色游戏，让小朋友扮演太阳、地球、月球角色，模拟它们的运行轨迹，充分了解月亮的阴晴圆缺。

提问："月亮姑娘在什么时候最胖啊？距离我们最近的一个"十五"是几月十五？中秋节我们为什么要吃'月饼'呢？你们喜欢吃什么馅的月饼呢？"

第二阶段：示范制作，掌握方法

使学生掌握彩泥的造型方法。小组分工协作，鼓励讨论与分享，充分发挥学习共同体的创造性。

第三阶段:展示作品,总结评析

请小朋友来介绍自己的作品,说说创作过程与感受。把介绍完的作品集中在展示区,互相点评。

六、授课照片

七、评估与反思

本课程1个月内在山西省科学技术馆累计实施8场次，共86人次参与活动。

反馈集中体现为：话题有趣，探究形式新颖，活动材料丰富、真实可触摸，“玩中学”，既拓展了知识，又锻炼了动手能力。部分受众对自然探索移动课堂的其他主题表现出较大兴趣，想要参加类似的教育活动。

9 手工DIY

地球探秘

（张哲侨）

一、教学内容

通过使用平板电脑在AR地球仪上观察地球内部构造，借助山西省科学技术馆宇宙与生命展厅展项《地球处于太阳系宜居带》了解地球内部模型结构，认识不同圈层，掌握其相关知识。使用超轻黏土制作地球模型，切开观察里面的地核结构。自己拿着模型向大家展示作品并介绍其中的构造。

二、教具

AR地球仪，美工刀，超轻黏土，铅笔，A4纸等。

三、教学目标

1. 知识与技能

了解地球内部结构特点，如分为哪几部分、哪些圈层；知道我们生活在地球的哪个圈层；会制作地球内部结构模型。

2. 过程与方法

保持好奇心和探究热情，自己设计地球内部模型结构，并能够改进自己的设计；用黏土制作地球内部模型，提高合作能力；总结分析地球内部结构模型的特点，展示、交流、介绍作品。

3. 情感、态度与价值观

在上课过程中，启发对地球板块功能的思考；制作模型并尝试改进时，培养辩证性思维的能力；在外形设计过程中，培养审美能力；在作品描述展示过程中，培养语言表达能力，提高自信心。

四、学情分析

教学对象：四至六年级学生。

认知特点：这个阶段的小学生对地球有了自己的认识和理解，但是不够准确和全面。他们更多的还是从书本上认知，获得的都是间接经验，没有尝试过对地球模型从内到外进行解剖式分析。

五、教学过程

第一阶段：知识导航

大家是否观察过我们的地球？从一幅电影照片，让学生思考地球里面有什么以及地球内部圈层。通过故事来讲述地球内部的构造。

第二阶段：实验探究

地球内部构造分为几部分？地球的形状像什么？利用平板电脑和 AR 地球仪进行观察与讨论。引导学生观察不同圈层的作用，让学生选取最接近圈层颜色的超轻黏土进行设计。不同构造地核、地幔、地壳的厚度如何选择？超轻黏土制作完后，让学生自己思考如何用美工刀切割一个剖面图。

第三阶段：拓展延伸

PPT 展示地球构造的其他知识以及莫霍面和古登堡面，简要介绍地震横波、纵波的产生。要求学生小组讨论地核、地幔、地壳、水圈、大气圈、生物圈和岩石圈，并在自己制作的模型中体现。

第四阶段：作品展示

同学交流，师生互评。

六、授课照片

七、评估与反思

在认识、制作地心模型的过程中，学生应该多去主动思考制作过程。若教师的介绍过多，可能导致学生的思考和创新不够。在今后的课程中，要多创设情境让学生多思考，大胆设想，提升自己的制作能力。

风筝的秘密

（傅丽）

一、教学内容

带领学生一起学习古诗词中与春天相关的科学知识。让他们通过课程领略古诗词中的春天和童趣，通过自己的努力动手制作完成一个简单的风筝，并了解风筝的知识及其相关的科学道理。

二、教具

A4 纸，笔，直尺，两条木棍，胶水，风筝线和手柄等。

三、教学目标

1. 知识与技能

了解风筝升空的原理；了解伯努利原理在生活中的应用。

2. 过程与方法

了解科学探索的一般过程；初步掌握观察、实验等科学研究方法。

3. 情感、态度与价值观

发扬团结合作的精神；体会古诗词的美。

四、学情分析

教学对象：一至三年级学生。

认知特点：这个阶段的学生对伯努利原理有一个简单的初步认知。

五、教学过程

第一阶段：课程导入

用古诗《村居》引入，让学生了解古诗的含义以及课程的关键词。

第二阶段：动手制作

指导学生亲手制作风筝，并鼓励他们互相帮助。引导他们发现问题的同时，鼓励他们开动脑筋，集思广益地解决问题。

第三阶段：实验探究

通过科学小实验让学生了解风筝升空的科学道理，科普伯努利原理，同时让他们了解该原理在生活中的应用。

第四阶段：课程总结

课程尾声，和孩子们一起总结课程的主要内容，并让他们分享课程心得。

我们要从不同的角度带给孩子们不一样的学习体验，力求和他们一起把课本上的静态知识，变成三维的立体感受；让他们的知识积累不再拘泥于死记硬背的方式，而是通过我们的带领，融入古诗词中所描绘的场景，一起去感受，去发现。不仅如此，我们还把动手做和科学实验融入课程当中，让小朋友们在学习国学的同时，进一步领略国学中的科学，感受 DIY 带来的成就感和满足感。

六、授课照片

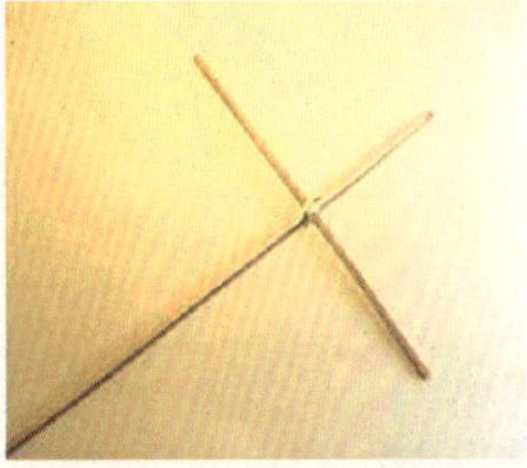

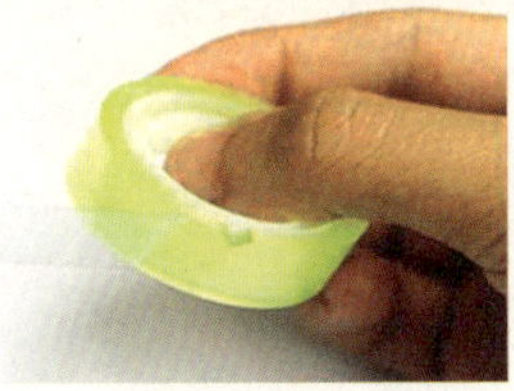

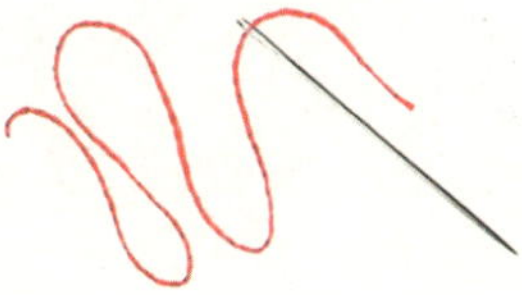

七、评估与反思

让学生自行准备木棍，其大小、长短不太符合规范。上课过程中发现学生对游戏环节兴趣较大，所以以后的课程中应多增加一些游戏环节，寓教于乐。

有“记忆”的金属

（李泽）

一、教学内容

通过展项和实验探究，让学生认识形状记忆合金，并了解其特性和分类等，体会科学就是在实验中不断探究、发现的过程。拓展迁移形状记忆合金在生活中的应用并制作火灾报警器。

二、教具

铁丝，形状记忆合金，烧杯，冷水，热水，热保护器开关，打火机等。

三、教学目标

1. 知识与技能

了解形状记忆合金及分类；利用形状记忆合金的特点制作烟雾报警器。

2. 过程与方法

培养科学探究过程中的主动参与性，培养积极观察与交流的能力，增强团队协作能力。

3. 情感、态度与价值观

乐于观察、实验、总结科学现象；实事求是，敢于表达修正观点；不盲从教条，能基于证据大胆质疑；善于合作分享。

四、学情分析

教学对象：四至六年级学生。

认知特点：这个阶段的学生多为被动接受知识信息，而缺乏主动探究的能力，且专注力还不够持久，难以完成枯燥的学习过程，故选择了有趣的“动手制作火灾报警器”等环节，增强学生兴趣，培养团队合作精神。

五、教学过程

第一阶段：初识形状记忆合金

通过展项引入形状记忆合金，引导学生观察展项，描述记忆合金的变化，由此产生兴趣。

第二阶段：认识形状记忆合金的特性

通过控制变量法与小组讨论得出结论，让学生明白形状记忆合金的特性，也明白自然科学是一门依托于实验的科学。

第三阶段：认识形状记忆合金的分类

得出结论：单程记忆效应；双程记忆效应；全程记忆效应。

第四阶段：了解形状记忆合金的原理

马氏体具有排列记忆的特性，所以会使记忆合金有形状记忆。

第五阶段：拓展延伸

通过前面的学习认识了解形状记忆合金的特性，根据其特点制作火灾报警器。

六、授课照片

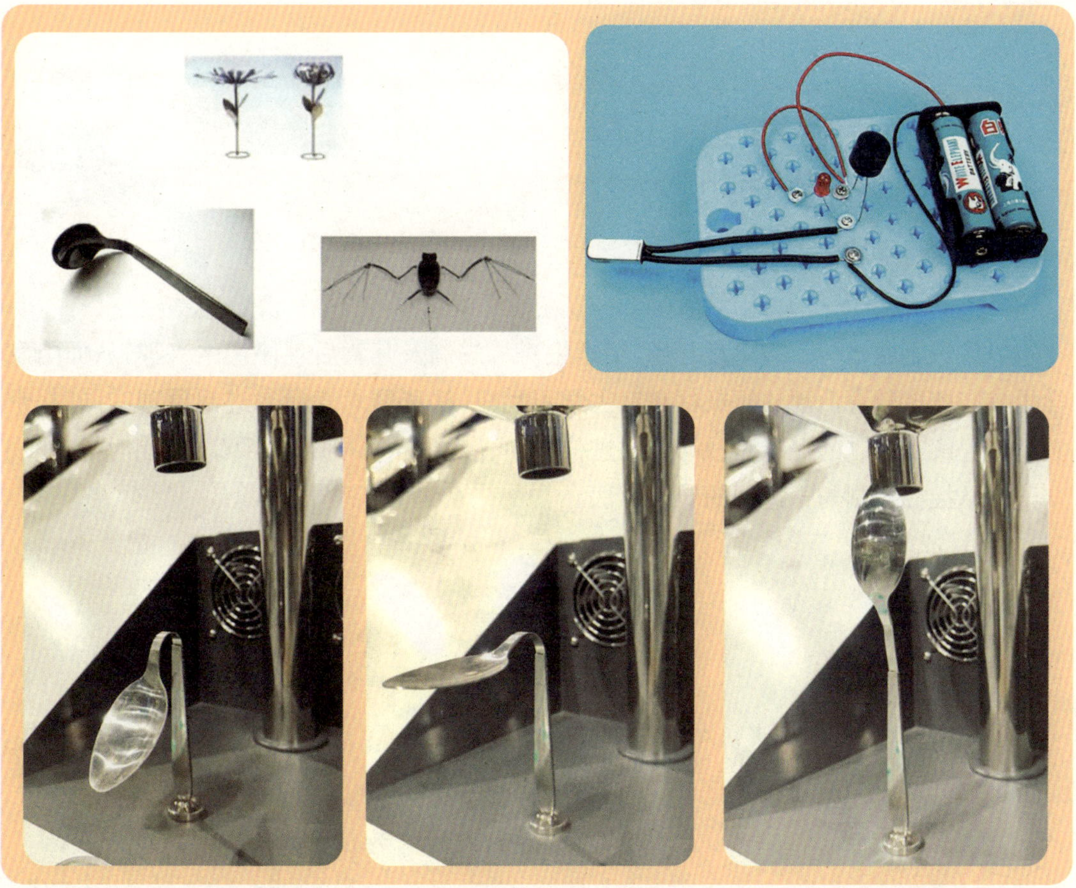

七、评估与反思

课程完成度较高，绝大部分学生可以掌握所学知识，达到教学目标。课程设计站在学生的角度，引导学生学习，同时利用好实验让学生理解形状记忆合金的特性。

揭秘魔术——猜生肖

（刘洋）

一、教学内容

以二进制魔术——猜生肖开场，使学生对二进制及其背后规律产生兴趣，从而引发学生参与此次教育活动的积极性和自主学习动机，揭秘魔术背后二进制原理的同时，带领学生了解二进制的概念、表示方法、进位规则、借位规则。通过展项《二进制时钟》使观众熟练掌握二进制与十进制的转换方法。

二、教具

魔术道具（生肖卡 4 张），A4 纸若干，中性笔等。

三、教学目标

1. 知识与技能

了解并掌握什么是二进制，二进制有哪些特征，二进制的表示方法、进位规则、借位规则；学会二进制数与十进制数之间的转化方法。

2. 过程与方法

了解二进制与十进制各自的优点，并通过展项《二进制时钟》熟练掌握二进制与十进制的转换；以展项《二进制测身高》为例，将二进制运用到日常生活中。

3. 情感、态度与价值观

利用日常认知唤醒生活中的已有经验，开发潜在动机，促进所学知识的迁移提升及自主解决问题的能力。

四、学情分析

教学对象：七年级学生。

认知特点：这个阶段的学生已经能熟练地进行十进制计算，在计算机课程中简单接触过二进制，对二进制有一定的好奇心。

五、教学过程

第一阶段：课程导入

魔术开场，引人入胜。

第二阶段：知识讲解

解密魔术，引入二进制，介绍二进制与十进制的转换。

第三阶段：拓展延伸

用二进制来解决实际问题。

六、授课照片

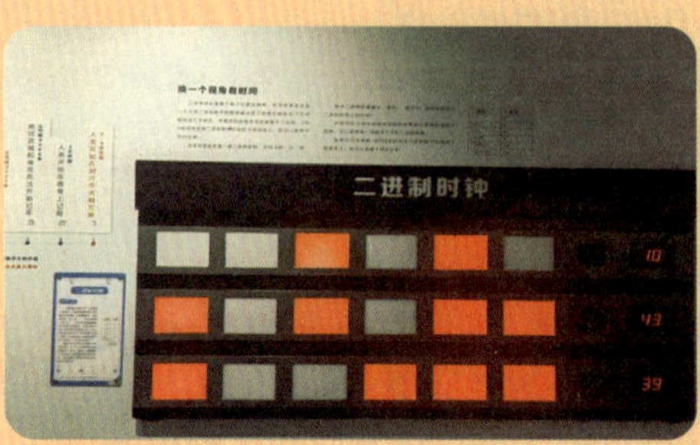

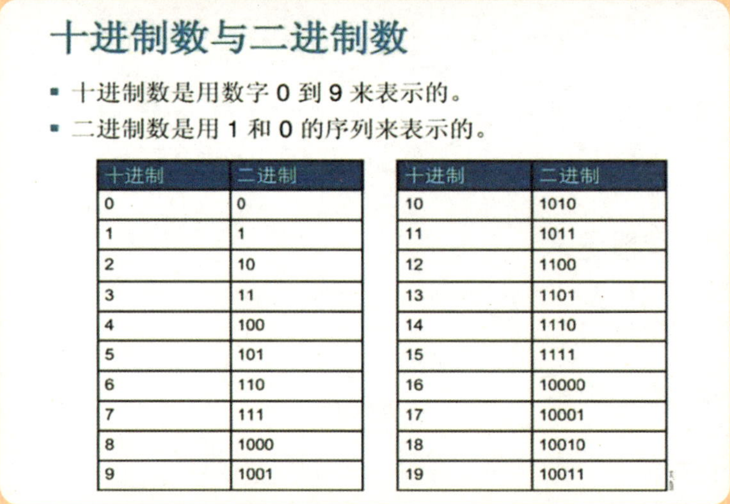

十进制数与二进制数

- 十进制数是用数字 0 到 9 来表示的。
- 二进制数是用 1 和 0 的序列来表示的。

十进制	二进制
0	0
1	1
2	10
3	11
4	100
5	101
6	110
7	111
8	1000
9	1001

十进制	二进制
10	1010
11	1011
12	1100
13	1101
14	1110
15	1111
16	10000
17	10001
18	10010
19	10011

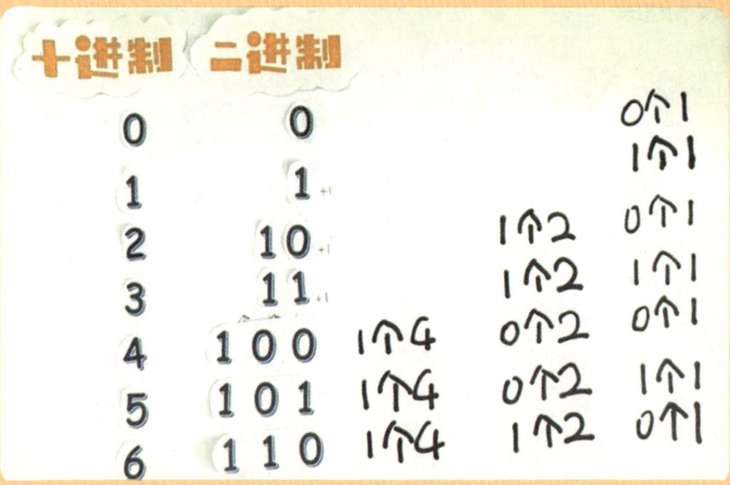

七、评估与反思

本次课程内容比预期更加受到学生的喜爱，尤其是魔术环节，极大地提起了学生的兴趣，为后面的课程提供了很好的铺垫。不过二进制的数感还是需要在平时多加练习。

087

气球“糖葫芦”

（徐倩）

一、教学内容

通过制作气球糖葫芦，了解为什么铁丝穿过气球后气球却不破，了解生活中防爆轮胎的原理。

二、教具

细铁丝，气球，胶带，剪刀等。

三、教学目标

1. 知识与技能

明白用细铁丝穿过气球而气球不破的原理；简单了解防爆轮胎的原理。

2. 过程与方法

先用牙签和铁丝穿过一个气球，看看怎样扎气球，气球不破，讲解其科学原理；尝试用铁丝穿过气球之后，继续在铁丝上穿上两个气球；讲解防爆轮胎的原理。

3. 情感、态度与价值观

通过铁丝穿气球了解防爆轮胎的原理，学会用科学原理解释生活中的现象。

四、学情分析

教学对象:学龄前儿童。

认知特点:学龄前儿童对生活中的现象比较感兴趣,将实验和生活现象结合起来,会使学生有代入感和认知感。

五、教学过程

第一阶段:话题导入

通过一根铁丝穿过一个气球而气球不破的小实验,引发学生的兴趣。

第二阶段:实验探究

尝试用铁丝穿过气球之后,继续在铁丝上穿上两个气球,讲解其科学原理。与实际生活相联系,讲解防爆轮胎的原理。

六、授课照片

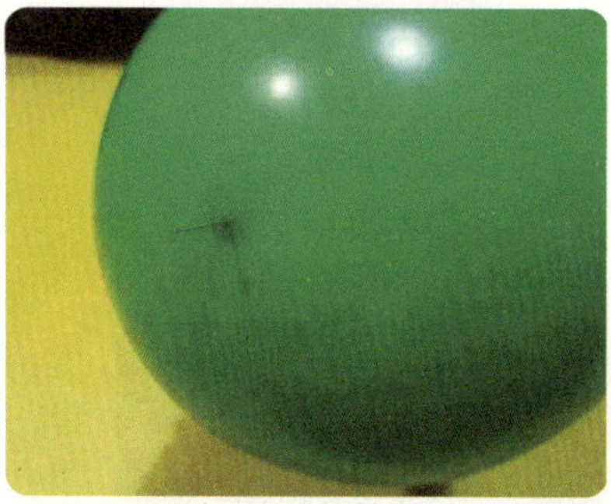

七、评估与反思

教学理念：通过动手制作气球“糖葫芦”了解气球特性，以及为什么铁丝能够穿过气球而气球不破，从而联想到汽车防爆轮胎的特性，引导学生观察生活现象。

存在问题：学龄前儿童动手能力欠佳，有时第三个气球还没穿好，第一个和第二个气球已经漏气了，导致有的实验效果不好。

“玩转”春天

（傅丽）

一、教学内容

针对山西省科学技术馆机器与动力展区展示内容，以风能为主题，采用“做中学”的方式，以互动、引导学习为主要教学方法，利用纸杯制作风车，使学生了解风车转动原理并举一反三。

二、教具

纸杯，剪刀，铁丝，彩笔，木棍等。

三、教学目标

1. 知识与技能

简单了解风车的发展历史；了解风车转动的原因及影响风车转动的因素。

2. 过程与方法

自己动手制作风车，了解科学是一个严谨、务实、求真的过程。

3. 情感、态度与价值观

努力培养爱科学、学科学、大胆创新的科学精神。

四、学情分析

教学对象:一至三年级学生。

认知特点:这个阶段的学生正处于知识启蒙阶段,他们的认知能力、感悟能力等都处于开发期,具有好奇心强、活泼好动、爱游戏等生理特点。所以在设计课程的过程中,充分考虑到学生的生理特点需要,在亲自动手制作的过程中,引导他们去发现、思考、探索。在制作成功后,不仅可以让他们有满满的成就感,更可以激发他们爱科学、学科学的热情,鼓励他们大胆想象,努力创新。

五、教学过程

第一阶段:课程导入

观察风车,并介绍风车制作的注意事项。

第二阶段:实验探究

亲手制作风车。通过互相观察彼此的风车,努力学会取长补短;通过实验,了解风能、热能等能源的科学原理及其在生活中的应用。

六、授课照片

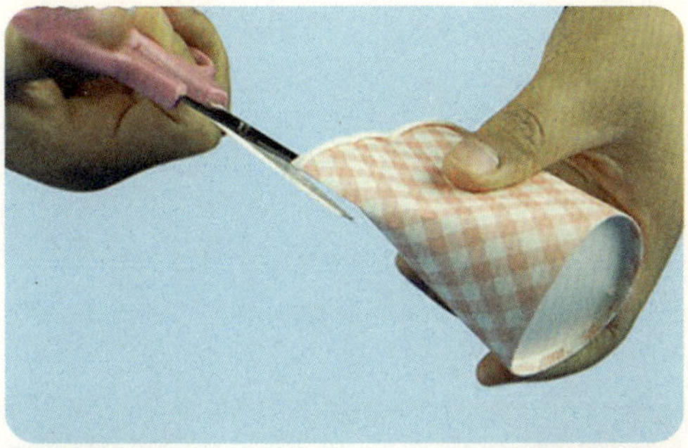

七、评估与反思

不同学生的动手能力和思考能力不同，所以要根据实际情况随时调整课程的难易度。

089

虹吸水车

（傅丽）

一、教学内容

学习古代辘轳的相关知识，学习虹吸原理，制作虹吸水车。

二、教具

废旧塑料水瓶，吸管，小风车，剪刀，胶枪等。

三、教学目标

1. 知识与技能

学习虹吸原理，打破常规思维，知道水从低处流向高处的原因。

2. 过程与方法

通过制作，培养观察力、创造性及团队协作能力，学会运用逻辑思维分析问题。

3. 情感、态度与价值观

明白科学是一个严谨、务实、求真的过程，努力培养爱科学、学科学、大胆创新的科学精神。

四、学情分析

教学对象:四至六年级的学生。

认知特点:这个阶段的学生已经在科学课中学习过压强的相关知识。

五、教学过程

第一阶段:问题导入

我们吃水有哪些方式?什么是辘轳?

辘轳,汉族民间提水设施,流行于北方地区,由辘轳头、支架、井绳、水斗等部分构成,是利用轮轴原理制成的井上汲水的起重装置,可提水灌溉小片土地。如今一些地下水很深的山区,也还在使用辘轳从深井中提水,以供人们饮用。

第二阶段:实验探究

还有什么办法能吃到水?虹吸是什么?

虹吸是利用液面高度差的作用,将液体充满一根倒U形的管状结构后,将开口高的一端置于装满液体的容器中,容器内的液体会持续通过吸管从更低的位置流出。

第三阶段:应用拓展

中国人很早就懂得应用这些物理原理,比如虹吸排水、农田灌溉,还有朱元璋喜爱的公道杯:满招损,谦受益。现在的抽水马桶也是。想一想,山丘怎么灌溉?

第四阶段:动手制作

动手制作水往高处流的虹吸水车。

六、授课照片

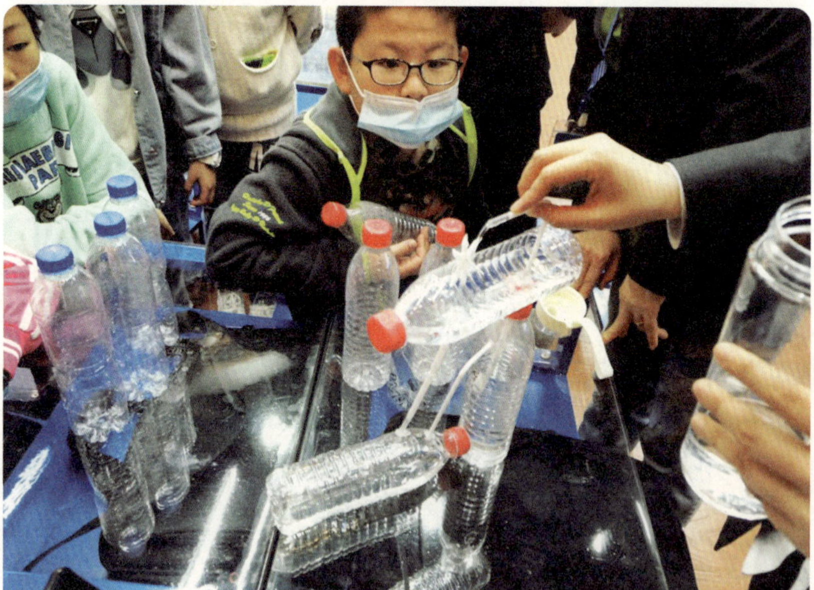

七、评估与反思

当看到自下而上的水使小风车转动起来后学生发出一片惊呼，可以看出他们对此现象非常感兴趣。但是制作过程中需注意吸管和塑料瓶之间要没有缝隙，若有空气进入会影响实验效果，而且吸管弯曲角度需调试。

小小织布师

（常佳）

一、教学内容

让学生了解从古至今人类衣着的变化、做衣服的面料、织布机的构造，学习织布原理；制作简易织布机和用简易织布机织布。

二、教具

简易织布机材料包，不同衣服材料的小样等。

三、教学目标

1. 知识与技能

掌握织布机的工作原理；学会使用简单机械完成实验。

2. 过程与方法

通过动手制作提升观察、分析的思维能力。

3. 情感、态度与价值观

体验原始织布的快乐与辛苦，知道织布的每道工序都包含着繁复的劳动，在织布技术飞速发展的今天，手工织布工艺流传至今实属不易。

四、学情分析

教学对象：一至三年级学生。

认知特点：这个阶段的学生知道布是用一根一根的线织成的，但是对如何织布了解得还不够全面和深入，对织布机如何工作还缺乏认知。很多学生较少有机会了解一些机械工具背后的科学原理，也较少能去拆解和组合它们获得直接经验。纯讲述的模式很难引起该年龄段的学生的兴趣，情景体验、动手制作等多种形式的授课方式更容易激起学生主动学习的兴趣，引导学生从实践中找到答案。

五、教学过程

第一阶段：课程导入

现在衣服的颜色都很漂亮，布料也有很多种，大家知道布料是怎么制作出来的吗？今天就让我们自己动手来感受织布的乐趣，也许大家会有很多收获呢！想要织一块布，要用到哪些东西呢？演示织布的过程，目的是让学生了解织布机的构造(织布机由框架、梭子、综、梳扰四个部分组成)。

用假设的方法验证各个部件的作用：

(1) 假设没有综，织布的速度和方法有何改变。

(2) 假设没有梭子，织布的速度和方法有何改变。

(3) 假设没有梳扰，织布的速度和方法有何改变。

第二阶段：知识讲解

简易织布机上的竖线称为经线，梭子带动横向的线称为纬线，织布时是先把竖向的经线缠绕在框架上，利用综把经线巧妙地分成上、下两层，梭子引纬线在两层中穿过，经线和纬线交织在一起而成为布料。

第三阶段：指导制作

做好了织布机，就要开始学习织布了。织布大致就是重复三个步骤：投梭、轻梳、转综。请大家充分发挥自己的想象力织出与众不同的布来，最后比比看谁的布最有创意，谁的布最整齐，谁的手最巧。

第四阶段：表达展示

原始织布机和现代织布机原理差不多，不同的是织布速度。都是把经线吊在两个综框上，交替上、下两个综框，使经线交错，梭子带着纬线过去，然后压纬。和现代织布技术不一样的是现在送纬装置改进了，所以速度快了。古代用梭子来穿纬线，跟现代的有梭织机原理是一样的。

第五阶段：评价激励

比比看谁的布最漂亮，谁的布最整齐。注意每织完一根纬线，一定要把综扭动一下，交换高低经线的位置。线的松紧一定要匀称，不然织出来的布就是歪歪扭扭的。

第六阶段：拓展延伸

回家把没有织完的布织完，发挥自己的想象力，可以织个杯垫、围巾等，送给爸爸妈妈。

六、授课照片

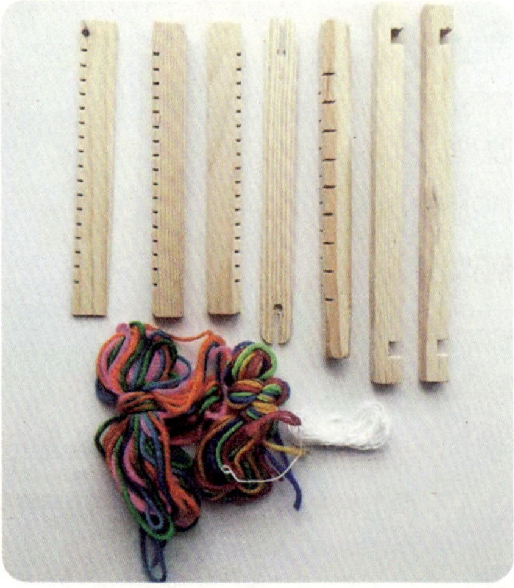

七、评估与反思

平时难得一见的简易织布机让孩子们兴致盎然，通过实验探究让学生明白工具的每一个部件都不可或缺，工具的发展都是在不断完善改进的过程中进行的。通过这次的课程，学生不仅了解了中国古代的织布技艺，而且切身体会到了“慈母手中线，游子身上衣”中所包含的深深母爱，一经一纬、上上下下穿梭都是母亲对即将远行孩子的牵挂和爱意。对学生进行科学教育的同时，还加入了情感教育。织布的过程也锻炼了学生的观察力、想象力、创造力和动手能力，更有利于学生的专注力和协调力的提升。

091

新春到，灯笼俏

（王兰）

一、教学内容

让学生了解元宵节“做灯笼、猜灯谜”习俗的文化背景；学习制作走马灯或灯笼，并了解其中蕴藏的科学知识；在元宵节那天再次来到科技馆参与猜灯谜的活动，以灯会友。

二、教具

纸杯，剪刀，牙签，细绳，双面胶，蜡烛，材料包等。

三、教学目标

1. 知识与技能

了解元宵节制作灯笼的文化背景；通过制作灯笼，明白其中的科学道理。

2. 过程与方法

提高动手能力，激发科学兴趣。

3. 情感、态度与价值观

猜灯谜当天还可以以灯会友。

四、学情分析

教学对象:一至三年级学生。

认知特点:这个阶段的学生对热空气上升有初步认知,但不清楚具体的原理。需帮助学生了解走马灯的原理:热空气较轻,上升后从旁边的开窗跑出,形成空气流动,进而推动走马灯旋转。

五、教学过程

第一阶段:话题导入

春节来临,和爸爸妈妈一起制作灯笼吧。首先了解一下灯笼的起源。

第二阶段:实验探究

亲手制作灯笼并了解其蕴含的科学原理。在灯笼上写上灯谜。

第三阶段:拓展延伸

正月十五以灯会友。

六、授课照片

七、评估与反思

此次活动学生和家长的参与度很高，活动过程被《黄河新闻》《山西新闻》等多家山西省主流媒体相继报道。

阅兵知多少

（孟薇）

一、教学内容

开展此课程时恰逢国庆，天安门广场举行了盛大而隆重的阅兵仪式。通过介绍一些武器和装备等的相关浅显知识而展开，让学生了解仿生学的相关知识；了解国庆节的由来，观看开国大典录像，畅所欲言怎样给祖国过节；了解阅兵仪式的重要性，认识海陆空三军；探究阅兵中与仿生学相关的知识；向祖国献礼，动手制作“陆地坦克”。

二、教具

“坦克”套装等。

三、教学目标

1. 知识与技能

了解国庆节的由来，热爱祖国；观看阅兵仪式的影像资料，培养民族自信心；掌握仿生学的相关知识。

2. 过程与方法

注重学习的过程，在自主、合作、探究的学习中发现、总结和掌握知识的规律和学习的方法。

3. 情感、态度与价值观

了解前沿科技，增强民族自豪感，提升科学素养。

四、学情分析

教学对象：四至六年级学生。

认知特点：这个阶段的学生已经具备一定的理性知识，但还是感性占主导，通过本节课的学习，学生充分展示自己的动手能力，提高自主学习、合作探究能力，爱国主义情感得到进一步升华。

五、教学过程

第一阶段：介绍国庆节的由来以及意义

从提问如何过生日为切入点，引起学生的兴趣，让学生畅所欲言，形成你追我赶的学习氛围，从而引出祖国的生日。带学生了解过去，启发他们珍惜现在的美好生活。

第二阶段：观看阅兵仪式并知晓其重要性

在视频中不仅看到了整齐的队列，还有数不清的先进武器和装备。让学生在视频中找出海陆空三军，带着问题去学习，吸引学生注意，提高学习效率，将科学知识巧妙地融入其中。

第三阶段：掌握仿生学的知识并与阅兵相联系

用设计大量游戏的方式，吸引学生的注意力，深入理解科学内涵。在课堂上做游戏是一般只有在体育课和音乐课上才会出现的环节，活泼开放的课堂氛围有助于使学生更好地掌握科学知识，如响尾蛇——导弹，剑鱼——超音速飞机，乌贼——鱼类诱饵技术，乌龟——坦克。

第四阶段：动手制作“陆地坦克”

考察学生的动手能力和团结协作能力。

六、授课照片

七、评估与反思

在授课的过程中,学生不仅能重温相关知识还可以了解团队协作的意义,学会合作和分享;树立自主探究与创新意识,掌握获取、处理、运用信息与知识的技能和动手、观察、制作、讲述等技能。在实践中了解科学探索的一般过程,初步掌握观察、动手制作模型等科学研究方法。培养学生探索科学奥秘的好奇心,树立结构与功能相统一的观念。

093

灯　饰　树

（闫夏）

一、教学内容

本活动从玩具光纤灯引入，围绕“光纤如何发光”这一知识点，让学生通过生活中的事物认识光纤，在探究实践中掌握月相光纤发光的原因，学会将科学运用于生活实践，引起学生对生活中的现象进行深入研究的兴趣。本课程主要通过模型制作、实验观察等方法实现，曾作为山西省科学技术馆 2018 年元旦假期的主题活动之一。

二、教具

纸筒，光纤，剪刀，贴纸，电池电路等。

三、教学目标

1. 知识与技能

了解光的传播；认识光纤，学习光纤的结构。

2. 过程与方法

了解科学探索的一般过程；初步掌握观察、实验、对比和模型构建等科学研究方法。

3. 情感、态度与价值观

在实验过程中强调发扬团结合作的精神；通过装扮灯饰树提高审美能力。

四、学情分析

教学对象：四至六年级学生。

认知特点：小孩子都玩过光纤灯，但是对其是如何发光的却不得而知。在课堂中，对玩具的兴趣和好奇将极大地激发学生的学习兴趣并提高他们在课堂中的参与度。小学生对光的传播有一定的理解，知道光是沿直线传播的，一步步引导他们了解反射和全反射。通过动手操作，让孩子们在实验和观察中自主学习，总结规律，加深对知识点的记忆。

五、教学过程

第一阶段：教学活动引入

拿出玩具光纤灯，引导学生思考它是如何发光的。

第二阶段：确认全反射

在水杯里装大半杯水，让学生透过水杯底部观察天花板，从不同角度记录观察到的现象，介绍哪种情况是反射、哪种情况是折射，引出全反射的概念。

第三阶段：生活中的光纤

用图片和视频介绍生活中光纤的运用。

第四阶段：制作灯饰树

分发材料，指导学生用手中的光纤制作出灯饰树，并将灯饰树装扮成自己喜欢的样子。

六、授课照片

七、评估与反思

本活动元旦期间在山西省科学技术馆实施 2 场次，共 20 人参与活动。活动过程中，通过对学生的行为进行观察，发现以玩具光纤灯为切入点，能较好地调动学生的积极性，使学生能围绕话题展开热烈讨论，并主动发表意见。学生通过小组合作探究，将亲眼所见的现象记录下来，并加以比较和思考，加深对科学知识的理解，同时也能产生自己的见解，体验合作学习的乐趣和实验探究的过程，还能从枯燥无味的学习中解脱出来，成为课堂教学的主体。

八 音 盒

（常佳）

一、教学内容

让学生认识八音盒及其分类；了解八音盒的组成，知道八音盒如何发音；了解机械传动原理和发音组件；绘制八音盒盒体草图，并用已有的材料制作八音盒。

二、教具

八音盒材料包（包含八音盒机芯、螺丝、改锥、板材）等。

三、教学目标

1. 知识与技能

知道八音盒由盒体与机芯构成，了解机芯发音原理和盒体的作用；了解八音盒盒体设计的基本要求；知道构思创意的集中方法；学会用草图表达盒体的设计构思。

2. 过程与方法

经历绘制八音盒盒体草图的过程，学会把设计要求和设计构思转化为现实图形的方法，锻炼立体空间想象思维能力和技术表达能力。

3. 情感、态度与价值观

通过绘制八音盒盒体草图，体验设计草图对木工作品制作的重要性，感受草图成功表达设计构思带来的喜悦。

四、学情分析

教学对象：一至三年级学生。

认知特点：这个阶段的学生动手能力还不是很强，手部力量和精细度还达不到切割板材的程度，所以在制作八音盒盒体时采用已经切割好的材料包。而且他们基本只有平面思维能力，通过设计草图的过程，可使其有立体空间感的意识。

五、教学过程

第一阶段：情境导入

展示八音盒实物教具，让学生欣赏八音盒发出的美妙音乐，通过 PPT 展示不同类型的八音盒。激发学生探究八音盒发音原理的兴趣。

第二阶段：任务驱动

任务 1：分析八音盒的结构，形成设计思路。

展示八音盒实物教具，分析八音盒的组成。八音盒一般是由一个盒体和一个机芯组成的。

提问：八音盒的发声源是什么？这个发声元件如何发声？

分析：摇动摇把时蜗轮带动内部的齿轮转动，齿轮是安装在音筒上的，齿轮转动的同时音筒也跟随着转动起来。动力带动表面有小凸起的音筒匀速转动，当凸起经过音板音条时会拨动簧片（先将其慢慢抬起，然后突然放下）使簧片按设定的振动频率振动而发出设定的声音。

提问：为什么八音盒要做成一个盒子呢？

实物演示：机芯单独发声与放入盒体之后的声音效果对比。

分析：盒体形成空腔会有一系列共振频率，可以给声音加上各种不同的泛音，形成不同的音色。另外盒子有收纳机芯、美化装饰的作用。

提问：盒体设计成多大比较合适？它由什么决定？

分析：设计成盒体是为了放置机芯，要让机芯能够放进去且能够装上去，还要有一定的空余空间，所以盒体的长、宽、高应分别大于机芯的相关尺寸。材料的尺寸也对盒体的大小有影响。

提问：机芯的安装位置对发声有影响吗？

分析：可用实物教具演示分析，机芯分别安装在盒体的侧面、底部或者上面对整体的设计效果可能有一定的影响。设计八音盒盒体时，要兼顾外形美观的设计要求。

提问：盒体外形设计可以从哪些方面进行构思？

分析：在设计时要考虑使用的材料以及制作条件。在进行盒体设计时，可以采用以下方法：

(1) 变形法：在教具的基础上变大变小，甚至可以把它变成其他几何形状。

(2) 移花接木法：把平常看到的物品外形用到八音盒外形设计上。

(3) 组合法：把具有不同功能的物品优化组合在一起，设计出一个新的多功能产品。

(4) 拓展功能法：充分利用材料的特点进行设计。

(5) 外观装饰法：可通过色彩装饰盒体、粘贴装饰来设计。

任务 2：绘制八音盒草图。

总结设计要求：实用性（能装入机芯），结构合理（机芯安装位置），外形美观（造型、装饰），材料与制作条件匹配。

任务 3：拼装属于自己的八音盒，装饰八音盒盒体。

六、授课照片

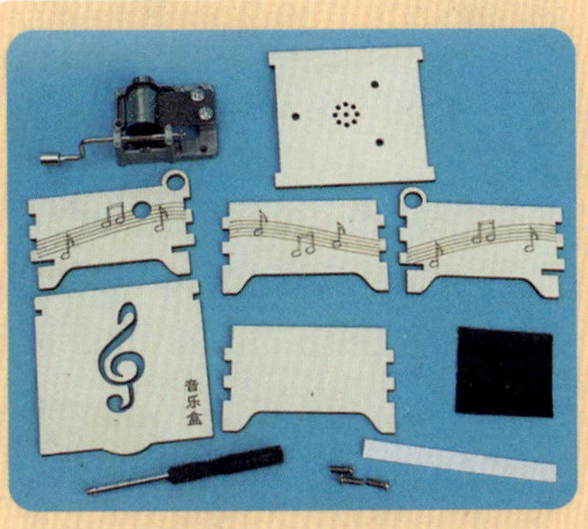

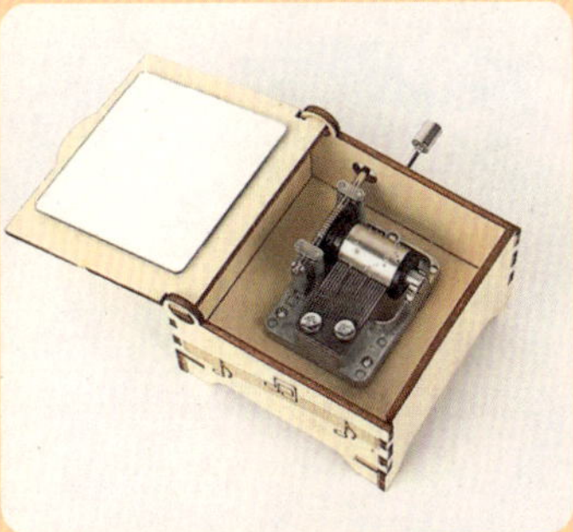

七、评估与反思

（1）合理选择教学载体，体现对学生的学科核心素养的培养。

八音盒与学生日常生活联系紧密，可有效激发学生的学习兴趣，引导学生参与八音盒设计与制作的全过程，力求在创新设计、图样表达等方面提升学生的学科核心素养。

（2）采用恰当教学方法，有效激发学生的学习兴趣。

本节课采用任务驱动教学法、实践学习法，以任务为主线，学生为主体，引导学生亲历学习实践的全过程。在分析八音盒结构时，根据学生的学习情况和已有认知水平，层层设问，引导学生分析总结出设计要求，形成设计思路，有效激发学生的求知欲。

（3）合理选用切割好的材料包，注重课堂实效性。

由于学生年龄段较小，手部力量和精细度还达不到切割板材的程度，所以在制作八音盒盒体时采用已经切割好的材料包，包含螺丝、木板等，降低制作难度。在学生动手实践时，做到个别辅导和集中指导相结合，帮助学生及时解决学习实践中存在的问题，达到良好的教学效果。

孔　明　锁

（徐倩）

一、教学内容

带领学生了解山西古建筑中的榫卯结构，自制一个孔明锁，通过文化背景的学习和动手制作感受古人利用榫卯结构搭建房屋的神奇艺术手法，感受中华古建筑的魅力。

二、教具

瓦楞纸，小刀，固体胶，直尺等。

三、教学目标

1. 知识与技能

了解榫卯结构，认识山西古建筑中运用到的榫卯结构；动手制作孔明锁。

2. 过程与方法

了解山西有代表性的古建筑，观察古建筑梁柱间的搭建结构，引出榫卯结构；讲述榫卯结构的精髓和科学原理，了解建筑中的互锁结构；自制孔明锁，感受榫卯结构的神奇之处。

3. 情感、态度与价值观

了解山西留存至今的古建筑中运用到的榫卯结构，感受和体验古人的智慧结晶。

四、学情分析

教学对象：一至三年级学生。

认知特点：这个阶段的学生有一定的动手能力，知道互锁原理。

五、教学过程

第一阶段：话题导入

通过古建筑中的榫卯结构的图片导入话题。

第二阶段：实验探究

通过实物游戏，动手制作孔明锁。既学习了孔明锁的原理，又了解了古建筑的结构。

六、授课照片

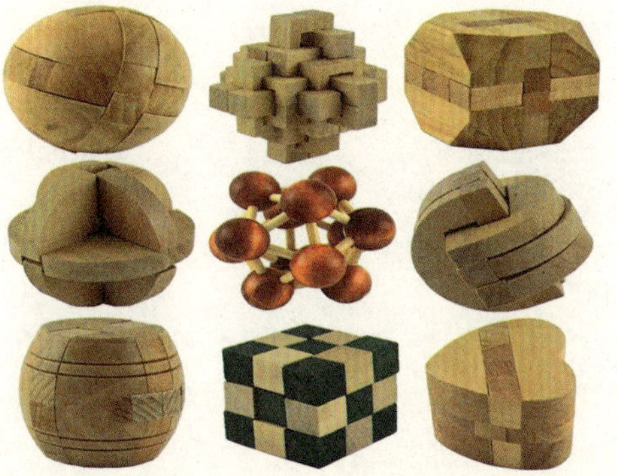

七、评估与反思

让学生体验“做中学”，在制作孔明锁的过程中，感受榫卯结构的神奇性和稳定性，体验互锁结构。认识山西本土的古建筑中榫卯结构的活动受到了学生的欢迎，但不足之处是活动设计缺乏科学探究环节。

096

听　诊　器

（常佳）

一、教学内容

通过尺子实验等活动了解声音是如何产生的；通过制作土电话和有无棉线打电话初步感知声音的传播需要介质；角色扮演医生，制作属于自己的听诊器，通过给同伴听诊了解听诊器各个结构的功能作用。

二、教具

尺子，纸杯，长棉线，棉签（或者牙签、木棍），卡纸，橡皮管，漏斗，气球或塑料薄膜，耳具，橡皮泥或胶带等。

三、教学目标

1. 知识与技能

观察听诊器能把声音放大的科学现象，了解听诊器是利用声音振动传播的。

2. 过程与方法

培养动手操作能力与合作意识。

3. 情感、态度与价值观

激发对声音的探究欲望。

四、学情分析

教学对象：一至三年级学生。

认知特点：这个阶段的学生对固体、气体、液体还没有明确的了解，通过土电话的实验让其对介质有个初步的了解即可。

五、教学过程

第一阶段：说一说

我们周围有什么声音？我们的身体里有什么声音？你们还可以制造什么声音？摸着喉咙说话、唱歌有什么感觉？把尺子一半固定在桌子边，用手拨动另一边，有什么现象？

分析总结：声音是由物体振动产生的。

第二阶段：做一做

先用两个纸杯分别当听筒和话筒，悄悄说话，对方听不到声音。

将棉签折断，用折断的棉签在纸杯底部扎一个小孔，将棉线穿过小孔，一头打结，绑住棉签，轻轻拉棉线。用同样的方法把棉线的另一头系在另一个纸杯上，这两个纸杯，一个当话筒，另一个当听筒，两个小朋友一组，开始“打电话”。用棉线连接的电话可以听到对方的声音。

注意：“打电话”的时候，棉线要拉直，如果棉线拉得不够直、不够紧，或者用手拉着棉线，听到的声音效果如何？和小伙伴试一试。

分析总结：声音可以在固体中传播。

第三阶段：听一听

两人一组，把耳朵贴到同伴的胸口上，有什么声音？身体里还有什么声音是特别微小的？

第四阶段：试一试

学生将卡纸卷成纸筒，将纸筒一端贴住同伴胸口，将自己的耳朵贴在纸筒的另一端，听一下心跳的声音。与耳朵贴在胸口听到的心跳声音进行比较。

第五阶段：做一做

今天，同学们化身小医生，给自己做一个小小听诊器吧。

(1) 连接塑料漏斗和橡皮管。

(2) 把塑料薄膜扣在漏斗上。

(3) 把耳塞插在橡皮管的 U 形连接端。

第六阶段：比一比

游戏：听诊器好用吗？

(1) 把橡皮管的一端放在耳朵上，用漏斗那一端听同伴的心跳声，再用耳朵直接听。比比用哪种方法更方便、听得更清楚。

(2) 让同伴原地做运动，再用自制听诊器听他的心跳声。比较一下你听到的声音有什么变化。

(3) 利用听诊器听同伴呼吸、肠蠕动等身体发出的声音，听周围的环境及身体动作发出的细小的声音，如机械手表、喝水、咽唾液等声音。

分析总结：听诊器有漏斗的一端上的薄膜振动，用来收集声音，皮管用来传递声音，耳塞用来接收声音。缺一不可。

第七阶段：拓展延伸

声音是一种振动的传播，它在空气中向前传播，要被空气吸收，因此传播的距离不长，但是在有些固体物质中，声音却能传播的很远。在古代就有"伏地听音"一法，用来判断敌情。

六、授课照片

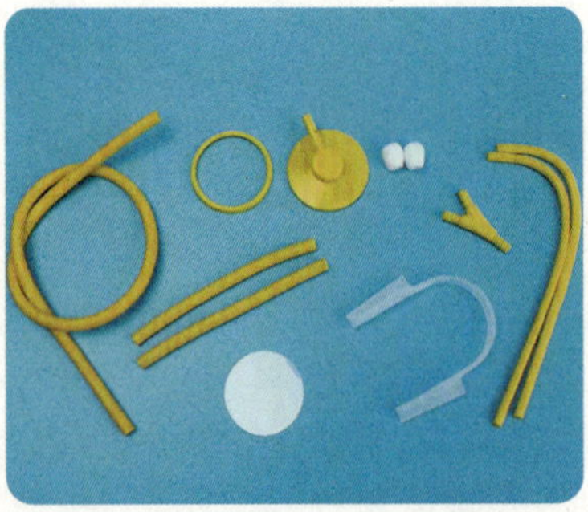

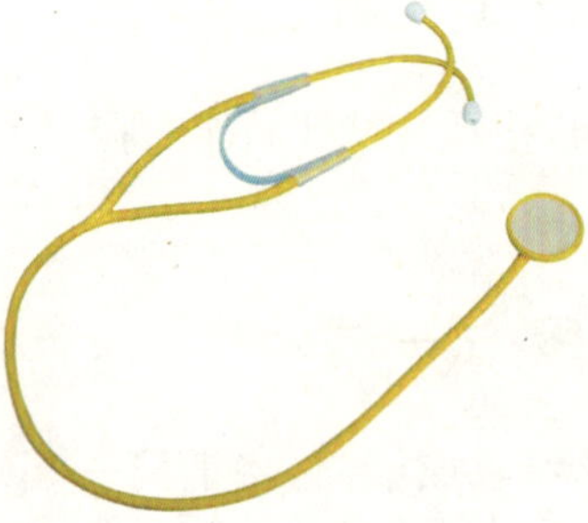

七、评估与反思

本课程通过实验、对比、感知等方法让学生亲身感受声音是振动产生的，声音的传播需要介质。虽然受众较小，还不明白介质这一概念，但是通过实验制作，可让他们对介质有一个初步的认识。通过角色扮演小医生制作属于自己的听诊器，了解听诊器的每一个结构的功能、特点，课程结束后每个学生都有自己的小作品，有所收获，激发了他们探索科学的兴趣。需要注意的是应该选择适合小朋友操作的漏斗，橡皮管的长度应该选择 25～35 厘米；橡皮管和漏斗衔接处可用橡皮泥或者胶带密封。

097

望　远　镜

（常佳）

一、教学内容

探究水滴、凸透镜、凹透镜的实际作用和应用；用给定的材料自制望远镜。

二、教具

杯子，水，吸管，报纸，透明塑料片，凸透镜，凹透镜，望远镜卡模，双面胶，透明不干胶等。

三、教学目标

1. 知识与技能

了解望远镜是一种用于观察远距离物体的目视光学仪器。

2. 过程与方法

探究凸透镜和凹透镜的实际作用和应用。

3. 情感、态度与价值观

乐于尝试实验，对自制望远镜有浓厚的兴趣。

四、学情分析

教学对象：学龄前儿童。

认知特点：学龄前儿童学习兴趣很广泛，但是科学兴趣还需要激发和进一步引导，让他们从“感兴趣”发展到“爱思考”。

五、教学过程

第一阶段：情境导入

同学们，童话故事里的国王向所有臣民发布了命令：他要成为千里眼。于是，大臣们召开了紧急会议，招纳贤才，商量让国王变成千里眼的办法。凸透镜、凹透镜和水滴都说自己能让国王变成千里眼。它们三个到底能不能让国王变成千里眼呢？我们一起来替国王把把关，用实验验证一下吧。

第二阶段：实验探究

实验一：水滴放大镜

准备材料：杯子、水、吸管、报纸、透明塑料片。

(1) 观察水滴的颜色、形状(是凸出来的还是凹进去的)。

(2) 透过水滴观察报纸上的字或者图案，有什么发现？

现象：透过水滴看到报纸上的字或者图案变大了，而且水滴越圆，越明显。

分析总结：中间厚、周围薄的透明物体能够起到聚光放大的作用。

水滴确实能把事物放大，但是国王不能一直把两滴水藏在眼睛上呀，所以水滴不能让国王变成千里眼。

实验二：认识凸透镜

现象：眼睛靠近凸透镜，看近处物体时，呈现出正立的放大的像；看远处物体时，呈现出倒立的缩小的像。凸透镜还能聚光，我们能在凸透镜两个镜片下发现光斑。

谈谈凸透镜在生活中的应用，PPT 展示老花镜、放大镜、相机镜头、投影仪。

实验三：认识凹透镜

凹透镜是中间薄、周围厚的透明镜片。

谈谈凹透镜在生活中的应用，PPT 展示近视镜。

水滴、凸透镜、凹透镜都失败了，国王很生气，到底谁能让他成为千里眼呢！科学家来到了国王身边，说他只要一个凸透镜加一个凹透镜就可以让国王变成千里眼。同学们，今天你们就是这个科学家。

实验四：制作望远镜

(1) 用双面胶粘贴物镜纸卡，组成物镜筒。

(2) 把透明不干胶撕下，粘贴到物镜筒的大圆孔内侧。

(3) 从大圆孔外侧粘贴物镜片，固定好物镜筒组装完成。

(4) 将目镜筒以同样的方式组装放置镜片，粘贴不干胶。

(5) 将物镜筒和目镜筒组装在一起。

让国王变成千里眼的望远镜就做好了。同学们可以试试怎么做才能让望远镜看得更远。

六、授课照片

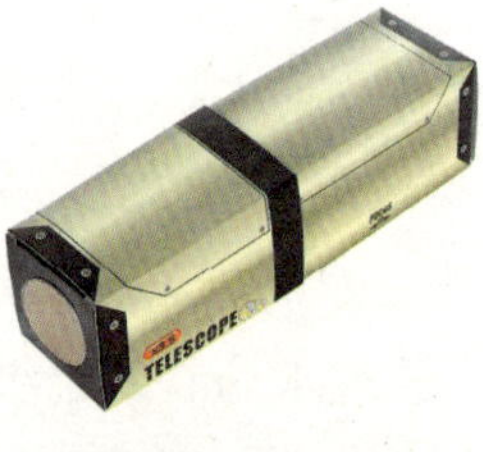

七、评估与反思

以"国王要变成千里眼"的故事情境导入，吸引学生的兴趣，通过角色扮演的方式，让学生充当科学家，为国王层层把关，探究凸透镜、凹透镜的特点及功能应用，最后任务驱动，让学生制作望远镜，最终完成任务。故事思维贯穿整个活动，增加学生学习的趣味性和对科学本质的理解。在实验探究和制作过程中，发现了许多奇迹和乐趣，锻炼了学生的动手能力。

迎宾礼炮

（徐倩）

一、教学内容

讲解迎宾礼炮的历史和鸣礼炮的不同意义，让学生对礼炮产生兴趣，从而简单讲解制作礼炮的原理，最后自制简易礼炮，让学生从了解礼炮表面知识到认识科学内涵再到动手自制礼炮，环环相扣。

二、教具

纸杯，气球，剪刀等。

三、教学目标

1. 知识与技能

了解我国国庆鸣礼炮文化、各国礼炮由来和历史文化。

2. 过程与方法

观看鸣礼炮的视频；讲解我国鸣礼炮背后的意义以及世界上其他国家鸣礼炮的历史；讲述鸣礼炮的科学原理；利用准备好的材料自制一个礼炮，加深对科学原理的理解。

3. 情感、态度与价值观

明白鸣礼炮代表的意义和我国重大节日鸣礼炮的意义。

四、学情分析

教学对象：学龄前儿童。

认知特点：学龄前儿童对礼炮有印象，见过鸣礼炮，但是对其科学原理不清楚。

五、教学过程

第一阶段：话题导入

通过国庆鸣礼炮的视频导入话题。

第二阶段：实验探究

通过演示，让学生利用准备好的材料自制一个礼炮。

第三阶段：回顾与反思

低龄段学生对文化历史兴趣有限，对动手制作环节较为感兴趣。

六、授课照片

七、评估与反思

通过讲解礼炮，让学生们能够知道礼炮发射原理；通过讲解各国鸣礼炮的背景知识，让学生们了解背后的意义。活动预期是以国庆阅兵为出发点，讲授礼炮方面的知识。活动实施过程中，发现学龄前儿童对礼炮文化知识兴趣小一些，对制作模型兴趣较大。

3D 全息投影

（吴翔）

一、教学内容

本课程以自制“3D 全息投影”为主题，以现代大型舞台剧以及 G20 峰会使用的全息光影技术和山西省科学技术馆展厅的《纳米王子足球烯》展项为切入点，通过应用 STEAM 理念，将其中所蕴含的光学知识、数学几何知识以及建模思维等在制作过程中进行跨学科融合。

二、教具

半透半反膜，手机，尺子，剪刀，激光笔等。

三、教学目标

1. 知识与技能

了解光沿直线传播的规律；了解光的反射、透射原理以及数学几何知识的应用。

2. 过程与方法

了解科学探究是获取科学知识的主要途径；通过控制变量等思维方法，发展学习能力、思维能力、实践能力和创新能力。

3. 情感、态度与价值观

对实验现象保持好奇心和探究热情，乐于参加观察、实验、制作、调查等科学活动，并能在活动中克服困难，完成预定任务。

四、学情分析

教学对象：不同年龄阶段的学生。

认知特点：结合不同年级课标，进行不同侧重点的知识启发与能力培养。小学课标任务主要在于认知阶段，本教育活动通过材料的对比，使学生进行认知。初中年级主要针对光线的反射、透射、实像、虚像以及平面几何等知识点进行侧重培养。

五、教学过程

第一阶段：创设情境、观察展项

观看运用3D全息投影技术的节目视频，感受美学和科技的魅力以及全息投影带来的视觉震撼。观察利用全息投影展览的展项，思考这样的展项有何特点。

教学分析：激发学生学习兴趣。创设学生喜欢的情境，引发学生自觉参与项目活动的积极性。

第二阶段：探究实验，尝试得出一些科学原理

提出问题：

针对小学生，准备不同的材料，通过光的反射、透射实验了解它们的特点。

针对初中生，重点理解光的反射原理，抛出两个问题：

(1) 为什么金字塔各侧面与底面呈45°角？

(2) 为什么看到的像在金字塔中央？

小组讨论并且引导学生画出光路图。

针对高中生，需要对展项进行测量、计算，对手机投射的屏幕比例进行分析，没有已知条件，需自己从展项中寻找角度等数据，将展项的尺寸形状进行建模。

教学分析：针对不同年龄段的课标进行跨学科融合探究。

第三阶段：带着实验得出的结论或者数据，动手参与制作

让学生们带着对实验当中所蕴含的科学原理的兴趣，利用现有的材料，去制作神奇

的 3D 全息投影。

(1) 绘画并裁剪出金字塔的四个面。

(2) 进行拼接组装。

(3) 培养纠错能力。

进行金字塔模型的调整、固定。思考如何将倒金字塔固定在手机屏幕上。

教学分析:探究课程的点睛之处在于在已有的认知结构的基础上引导学生提出新的问题,设计新的方案,并实践新的方案。

第四阶段:探究式学习——由 STEAM 课程到创客思维的引导

我们做的这个"3D 全息投影"是一个倒金字塔形的结构,还有什么结构或材料能够做出更好的效果呢? 比如,可以更换材料吗? 试试不同透射率的材料效果。形状可以改变吗? 五个面甚至六个面的该怎么做? 角度可以变化吗?

教学分析:再次通过探究环节进行加深理解,并且通过自己丰富的想象和开放思维式的思考,利用控制变量的科学方法进行创客思维的培养。

第五阶段:拓展思维,畅想未来

现在的全息技术大都需要靠半透半反设备得以实现。那么将来的全息技术发展需要克服哪些技术瓶颈呢? 有哪些领域可以应用?

教学分析:通过对全息技术的展望,让学生对未来的科技更感兴趣。

六、授课照片

七、评估与反思

学生会因阅历、经验、智力、年龄的不同，在活动中表现出兴趣、态度、学习能力等方面的差异，所以需要进行分段设计和教学，留心学生的情绪反应，及时引导学生进行反思和自我评价。

10 智慧编程

手摇换台收音机

（张哲侨）

一、教学内容

通过古代信息传输方式引入，以一种穿越回古代的方法让学生了解信息传输的变化，思考什么样的信息传输方式最便捷。小组合作设计一台可以换台的收音机，认识、学习和组合电子元件。再利用 3D 造型模块进行搭建组合，最后小组同学进行作品展示。

二、教具

比特实验室 level I 套盒，3D 造型模块套盒等。

三、教学目标

1. 知识与技能

了解信息的传播以及收音机的发展史；了解角度传感器的概念；掌握手摇换台收音机的搭建方法，小组合作完成作品；学会制作海报并向他人展示自己的作品和制作过程。

2. 过程与方法

通过图文结合的学习，了解信息的传播以及收音机的发展史；连接电子模块，完成收音机的电路连接；通过团队合作，应用 3D 造型模块，设计出创意独特的手摇换台收音机外形。

3. 情感、态度与价值观

在制作海报的过程中，培养绘画、设计等综合表达能力。

四、学情分析

教学对象：五、六年级学生。

认知特点：这个阶段的学生有着强烈的好奇心，对信息传播史有一定了解；他们的思维方式新颖独特，但是系统的思维能力有待加强。有良好的学习习惯，但学习的自主意识和能力都有待培养；他们在探究式学习的过程中，小组合作能力还需要加强。本课程在进行电路拼接前，需要进行搭建创意设计。

五、教学过程

第一阶段：知识导航

通过穿越的假想话题引入活动，活跃课堂气氛，提高学生学习的兴趣。教师播放PPT展示信息的传播、收音机的发展历程和各种收音机，学生小组讨论如何使信息传播得更远、现在的收音机是否有需要改进之处以及想要的智能收音机是什么样的。

第二阶段：实验探究

学生讨论收音机的功能及系统结构，分组画出结构草图。教师播放PPT展示电路连接图并指导学生连接电路和认识各个模块，介绍角度传感器的概念。学生实际操作，观察天线模块对电台有无影响，记录实验数据，进行总结和分析。培养学生分工合作能力，引导学生动手实验，分析结果，启发思考。

第三阶段：作品设计

教师播放PPT展示3D造型模块的使用、设计主题和相关的设计案例，指导学生查找资料并进行实际操作演练，画出设计草图，完成整个收音机的搭建。提高学生查找资料、处理信息、绘制设计草图的能力。

第四阶段：作品展示

教师播放 PPT 展示作品的五要素，让学生按照五要素进行作品介绍。学生在教师指导下制作海报来展示自己的作品、制作过程和感悟，学会展示自己的作品以及评价作品。

六、授课照片

七、评估与反思

在上课期间，学生对收音机模块很感兴趣。尤其是在换台过程中，体验感十足。从模块元件拼搭到线路连接以及最后的外形搭建，学生在实验过程中，会有计划地进行。同时，还会考虑为什么这么做，这么做的优点在哪里。在从问题到发现的过程中，应多引导学生参与，主动发现问题，并逐步建立科学的思维方式、掌握科学方法，把假设的过程通过发现、收集、分析、归纳、实验，从而形成以"实证"为核心的学习成果。

声控蜡烛灯

（张哲侨）

一、教学内容

通过生活中的照明方式引入，让学生思考怎样用最快捷的方式点亮一盏灯。小组合作设计一台声控蜡烛灯，认识、学习和组合电子元件。再利用 3D 造型模块进行搭建组合，最后小组同学进行作品展示。

二、教具

比特实验室 level I 套盒，3D 造型模块套盒等。

三、教学目标

1. 知识与技能

了解白天和黑夜形成的原因；知悉古人取光和照明的常用方法；探究传统灯控制的缺陷，并尝试改进；学会使用 LED 灯，并了解其特性；动手做一个吹亮的“蜡烛”。

2. 过程与方法

思考白天到黑夜的奥秘，激发兴趣，从而引导进入照明工具的学习；探究传统照明工具的缺陷，并提出解决方案尝试改进，提升探究能力；小组合作，利用 3D 造型模块设计并制作吹亮的“蜡烛”外形，培养合作精神，锻炼语言表达能力。

3. 情感、态度与价值观

在了解古代照明工具发展历程的过程中，启发对照明功能的思考；在探索现有照明工具的缺陷并尝试改进时，培养辩证性思维的能力；在外形设计过程中，培养审美能力；在作品描述展示过程中，培养语言表达能力，提高自信心。

四、学情分析

教学对象：四至六年级学生。

认知特点：这个阶段的学生对于电有了一定的认识，可以对常见的照明方式进行回顾与选择，并且可以说出自己知道的照明方式和功能。同时，学生可以通过小组合作来进行外形拼搭。但是，他们对于电路连接的规范方法尚不明确。

五、教学过程

第一阶段：知识导航

教师播放 PPT 展示介绍一幅由白天到黑夜的变化图，让学生用自己的头部和一盏台灯模拟地球自转的现象，更好地体会感知白天和黑夜是如何形成的。教师展示照明方式的演变历程，让学生学习“凿壁偷光”这个成语。思考现在教室的电灯有什么可以改进的地方，应如何设计。

第二阶段：实验探究

让学生讨论吹亮的“蜡烛”具备什么功能及其结构部件，学会如何用声音控制灯亮和灭，发现实验中的问题：如 LED 灯不亮如何解决？端口拓展模块有无正负极？如何判断 LED 的正负极？让学生分组讨论并学会自己解决问题。

第三阶段：作品设计

查找与主题相关的资料并相互分享，组间讨论并完成设计图。考虑设计作品结构是否稳固，分析原因。

第四阶段:作品展示

教师播放 PPT 展示作品的五要素,让学生按照五要素进行作品介绍。然后展示评价的基本要求,让学生对自己和小组合作情况进行评价总结。

六、授课照片

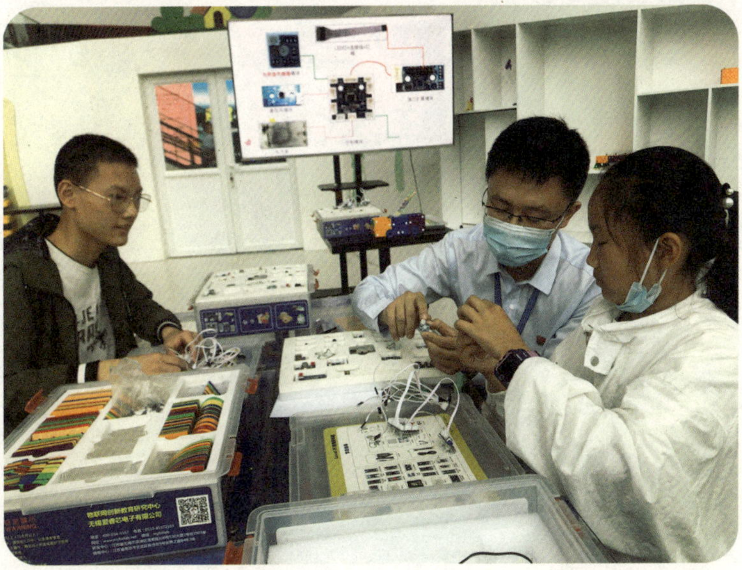

七、评估与反思

在课程设计之初运用了探究式学习的方法来进行教学。在实际上课过程中发现本课程可以充分结合 STEAM 教学方法来开展，随后的上课过程中进行了调整，而且发现效果不错。但还欠缺情境式学习的方法，需要思考如何把情境式学习理论知识建构在特定目标的应用情境中，如何把个体的学习、发展与实践联系得更密切。

智能电风扇

（刘书伟）

一、教学内容

通过介绍生活中不同的电风扇引入，让学生思考电风扇应该有什么功能。小组合作设计一台智能电风扇，认识、学习和组合电子元件。再利用3D造型模块进行搭建组合，最后小组同学进行作品展示。

二、教具

比特实验室 level I 套盒，3D造型模块套盒等。

三、教学目标

1. 知识与技能

了解风形成的原因，以及电风扇为什么会使我们感到凉快；了解风能的定义、特点及分布地区；探究传统电风扇的缺陷，并尝试改进；会使用人体感应模块，并了解其特性；动手做一个智能电风扇。

2. 过程与方法

通过教师介绍不同的电风扇，讨论风能在生活中的应用，从而进入不同纳凉工具的选择环节；探究传统电风扇的缺陷，并提出解决方案尝试改进；思想碰撞，在纸上设计出新型电风扇的功能及结构；小组合作，利用3D造型模块设计并制作智能电风扇的外形；

整理思路，组织语言，以产品项目的方式完整地向其他人展示介绍小组的作品。

3. 情感、态度与价值观

在了解古代风能发展历程的过程中，启发对风能利用的思考；在探索现有电风扇的缺陷并尝试改进时，培养辩证性思维的能力；在外形设计过程中，培养审美能力；在作品描述展示过程中，培养语言表达能力，提高自信心；通过团队协作，培养团结合作精神。

四、学情分析

教学对象：四至六年级学生。

认知特点：小学高年级学生对于电有了一定的认识，可以对常见的风扇进行回顾与选择，并且可以说出自己知道的电风扇的类型和功能。同时，他们可以小组合作来进行拼搭。但是，他们对于电路连接的规范方法尚不明确。

五、教学过程

第一阶段：知识导航

教师播放 PPT 展示不同类型的电风扇以及各自的适用场景，让学生思考这些电风扇的优点和缺点。让学生用普通扇子扇风，更好地体会感知风是如何形成的，以及风扇是如何让我们凉快的。思考风能资源丰富的地区是哪里以及现在电风扇可改进的地方。

第二阶段：实验探究

学生讨论智能电风扇的功能及结构部件，分组画出结构草图。教师播放 PPT 展示安装图，并指导学生认识各个电子模块的名称、功能。学生根据教师指导完成组装并测试功能是否良好，学会用人体感应控制灯亮和灭，发现并解决实验中的问题，如电风扇不转如何解决？端口拓展模块有无正负极？引导学生学会逆向思维思考问题。教师简单介绍人体感应模块的特点。

第三阶段：作品设计

教师播放 PPT 展示 3D 造型模块的使用、设计主题，指导学生查找资料并进行实际操作演练，画出设计草图，分析作品结构是否稳固。提高学生查找资料、处理信息、绘制设计草图的能力。

第四阶段：作品展示

教师播放 PPT 展示作品的五要素，让学生按照五要素进行作品介绍。学生在教师指导下展示自己的作品、制作过程和感悟，学会有效展示自己的作品以及评价作品。

六、授课照片

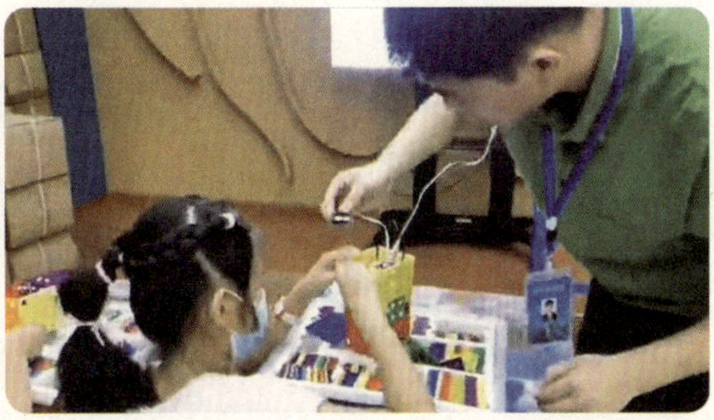

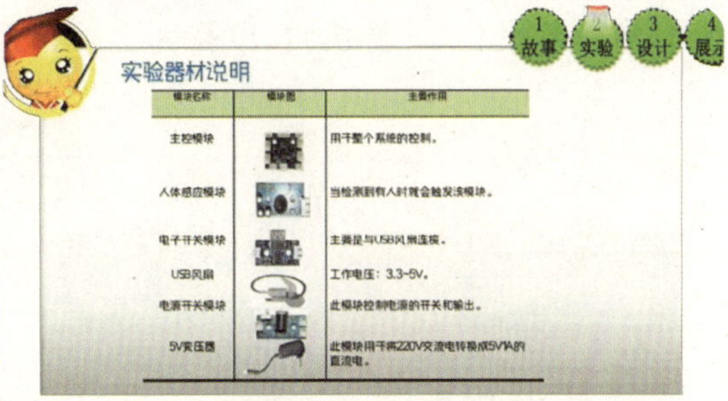

七、评估与反思

在课程设计之初，运用了探究式学习的方法来进行教学。在实际上课过程中发现，本课程可以充分结合 5E 教学方法来开展。通过运用调查和实验的方法解决问题，强调通过小组合作学习促进学生对科学概念的理解和知识的建构。

103

3D 打印之剪刀

（孟薇）

一、教学内容

了解剪刀的知识以及科学内涵；了解 3D 的定义，能区分出与 2D 的不同；观察 3D 打印机的工作过程，了解其工作原理；用 3D 打印笔完成课程任务。

二、教具

多媒体平台（计算机），3D 打印笔，剪刀等。

三、教学目标

1. 知识与技能

能够掌握 3D 的特点；了解 3D 打印在生活中的日益重要的作用；用 3D 打印笔动手完成剪刀的制作。

2. 过程与方法

科学动手动脑，循序渐进地掌握新科学知识。

3. 情感、态度与价值观

培养主动探索未知领域，逐步克服困难的坚定信念；在实践过程中胜不骄败不馁。

四、学情分析

教学对象：四至六年级学生。

认知特点：这个阶段的学生对于科技的理解还有待深化，对新事物充满好奇，具有很大的可塑性和易变性。

五、教学过程

第一阶段：多方面认识剪刀

从剪刀手引入，了解剪刀的起源、古诗中的剪刀、剪刀的杠杆原理(有的剪刀是省力杠杆，有的剪刀是费力杠杆)。

第二阶段：了解什么是 3D

通过对比地图中的 2D 与 3D 效果，了解 3D 的不同。区别生活中的平面与立体。

第三阶段：了解什么是 3D 打印

让学生对 3D 打印机工作状态进行观察，尤其是打印蓝本、打印方式、打印过程、打印材料，考察其观察力和总结概括能力，吸引学生注意，提高学习效率。最后讨论总结，了解 3D 打印在多领域的应用以及为我们的生活带来的翻天覆地的变化。

第四阶段：动手完成剪刀的制作

学会利用 3D 打印笔，完成两种不同的剪刀(省力和费力)的制作。

六、授课照片

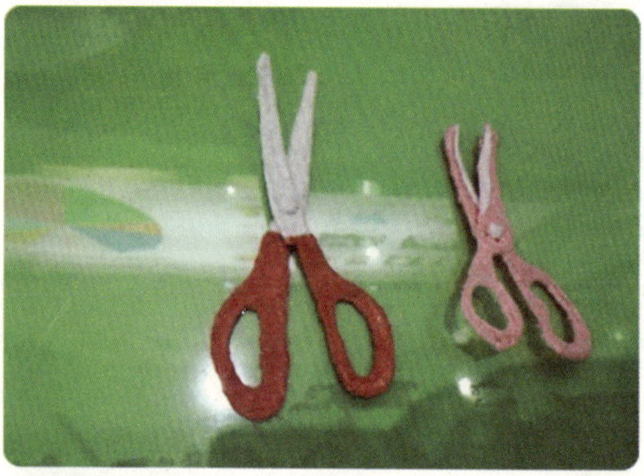

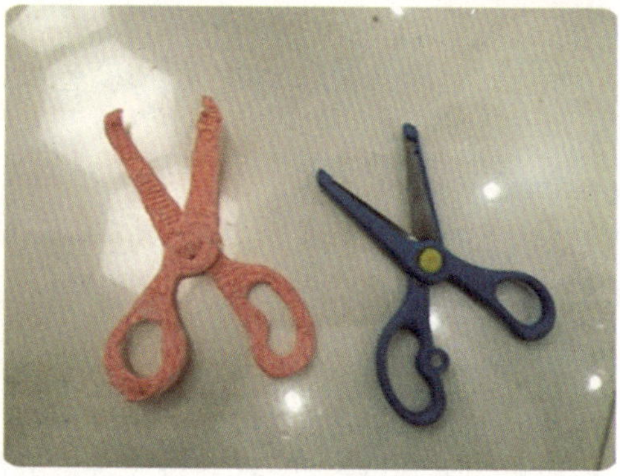

七、评估与反思

让参与者在活动中处于主体地位，教师起穿针引线的作用，以实验探究为主，知识讲授为辅。让学生在掌握新科技的同时能动手实践，了解科技并不是高岭之花，遥不可及。在生活中要勤于思考，主动探究，与日新月异的科技一同发展进步。

3D 打印之我是修补师

（孟薇）

一、教学内容

了解 3D 的定义，能区分出与 2D 的不同；观察 3D 打印机的工作过程，了解其工作原理；认识修补师的工作范畴；用 3D 打印笔模拟修补师工作。

二、教具

多媒体平台（计算机），3D 打印笔，印章等。

三、教学目标

1. 知识与技能

能够掌握 3D 的特点；了解 3D 打印在生活中的日益重要的作用；用 3D 打印笔动手完成印章修补。

2. 过程与方法

科学动手动脑，循序渐进地掌握新科学知识。

3. 情感、态度与价值观

培养主动探索未知领域，逐步克服困难的坚定信念；在实践过程中胜不骄败不馁。

四、学情分析

教学对象：四至六年级学生。

认知特点：这个阶段的学生对于科技的理解还有待深化，对新事物充满好奇，但是好奇只停留在表面，欠缺深入思考。本节课对学生进行科学启蒙教育，发展学生爱科学、学科学、用科学的志趣和能力。

五、教学过程

第一阶段：了解什么是 3D

从简单的现象导入，引发学生的兴趣。通过对比图片加深对 3D 的掌握。

第二阶段：了解什么是 3D 打印

让学生对 3D 打印机工作状态进行观察，考察其观察力和总结概括能力，吸引学生注意，提高学习效率。最后讨论总结，了解 3D 打印在多领域的应用以及为我们的生活带来的翻天覆地的变化。

第三阶段：了解修补师的工作

通过视频认识修补师尤其是文物修补师的工作内容，为下一环节的修补工作做准备。

第四阶段：动手完成印章的修补

学会利用 3D 打印笔，立体修复印章。

六、授课照片

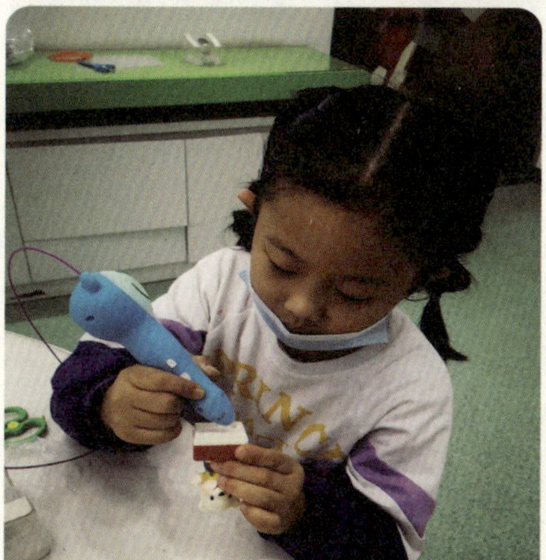

七、评估与反思

变被动式学习为主动式探究——参与者在活动中处于主体地位，教师起穿针引线的作用，以实验探究为主，知识讲授为辅。

3D 打印之牛气冲天

（傅丽）

一、教学内容

通过观察、探究、实验及合作交流，让学生了解古代火箭的基本结构、主要应用和发射原理，以及牛顿第三定律及相关应用，锻炼动手实践能力并培养创意思维。

二、教具

3D 打印笔，带盖塑料瓶，吸管，双面胶等。

三、教学目标

1. 知识与技能

了解我国古代火箭的相关知识。

2. 过程与方法

采用开放性的教学过程。

3. 情感、态度与价值观

学习掌握中华优秀传统文化和历史，激发学科学、爱科学的科学精神和爱国主义情怀。

四、学情分析

教学对象：四至六年级学生。

认知特点：这个阶段的学生对火箭的认知处于启蒙阶段。

五、教学过程

第一阶段：课程导入

通过观察展厅四层的《中国古代火箭模型》展项，了解掌握古代火箭的基本结构、主要应用和发射原理。

第二阶段：实验探究

结合 PPT 观看真实的火箭发射过程，学习掌握牛顿第三定律——作用力和反作用力之间的关系。

第三阶段：实验制作

通过 3D 打印手工制作并设计自己的飞天“小火箭”。

六、授课照片

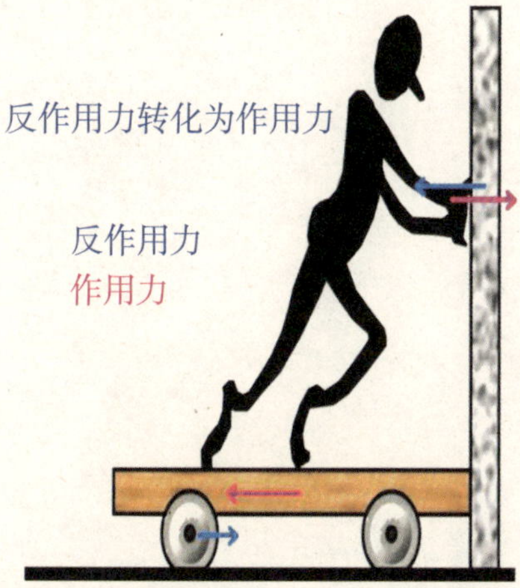

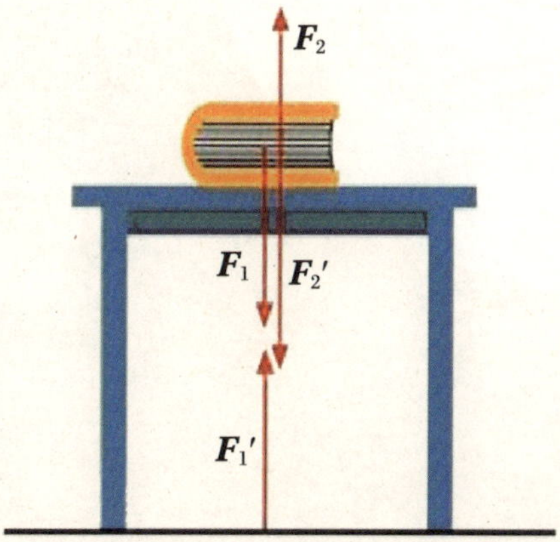

七、评估与反思

授课过程中发现，学生对 3D 打印笔操作不熟练以至于难形成图案；由于自身知识水平存在差异，有些学生对火箭的知识很熟悉，而有些学生则认知较浅。所以备课时不能全依靠课标，对于熟悉火箭知识的学生还需增加一些知识让其不虚此行。

11 科学有日

探秘天文与历法

（刘斌）

一、教学内容

了解天文与历法的关系、阳历与阴历的来源以及年龄与历法的关系。

二、教具

地球仪，小月亮模型（半黑半白），手电筒等。

三、教学目标

1. 知识与技能

了解天文现象和年、月、日的关系；了解周岁和虚岁的计算方法。

2. 过程与方法

培养科学探究过程中的主动参与性，培养积极观察与交流的能力；了解科学思维，学会用数学方法解决实际问题。

3. 情感、态度与价值观

乐于观察、实验、总结科学现象；实事求是，善于合作分享。

四、学情分析

教学对象:所有观众。

认知特点:各年龄段的观众都可以在本课中学到知识,其中部分内容需要用到小数的知识,“小数的意义和性质”是人教版小学四年级《数学》下册的内容。

五、教学过程

第一阶段:天文与历法

日和天文的关系:通过手电筒和地球仪的模拟实验探究,日和地球的自转有关。

月和天文的关系:通过黑白球观测月相的实验探究,月和月球围绕地球的公转有关。

年和天文的关系:通过手电筒和地球仪的模拟实验探究,年和地球围绕太阳的公转有关。

第二阶段:多退少补“凑”历法

1. 公历计算法

我们的公历(即阳历)就是这么算的。年分为平年和闰年,平年一年有 365 天,闰年一年有 366 天。

2. 阴历计算法

通过天文观测,将每个月的朔月,也就是看不见月亮的那天,定为初一,两个朔月之间就是一个月,也就是有的月 29 天,有的月 30 天,一年 12 个月的话,是 354 天,不够 365 天,所以有的年就需要 13 个月,也就是要闰一个月,一年就是 384 天。古人通过计算,用了一种 19 年 7 闰月的方式,调和月和年,让 19 年间的平均一年的长度跟一回归年相同。

第三阶段:生日、年龄与历法

19 年的时间,阴历与阳历就会高度重合一次,也就是说 19 岁生日的时候,阴历与阳历也会重合一次。

虚岁：无论你出生在一年当中的哪一天，当然这里说的是阴历年，从你出生的这一刻起，你就已经1岁了，每过一次正月初一，你的年龄就增一岁。

周岁：也就是实际度过的时间长度，计算方式就是过了几次生日就是几岁（生日在2月29日的除外）。

六、授课照片

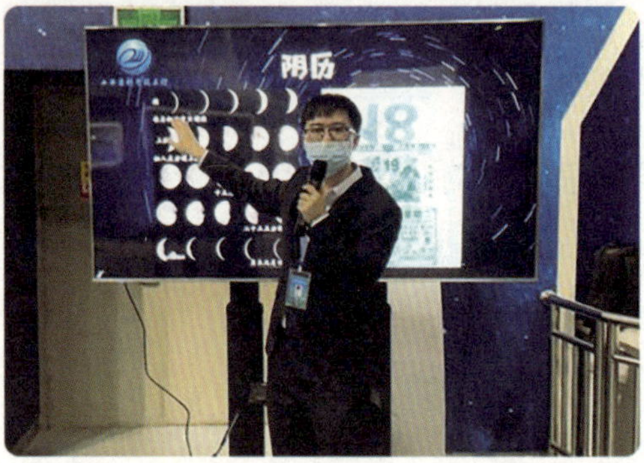

七、评估与反思

绝大部分观众都可以掌握年、月、日和天文的关系，部分学生对阴历的平年、闰年不是很明白，需要再次讲解，周岁和虚岁的计算方法所有的观众都能掌握。

逐梦“北斗”遨苍穹

（张哲侨）

一、教学内容

在山西省科学技术馆宇宙与生命展厅的《全球卫星定位系统》展项旁，邀请三至六年级的学生参与活动。重点介绍我国的北斗卫星导航系统，在游戏互动中理解北斗导航的作用，同时学习北斗人的科学家精神。

二、教具

多媒体电视，摄像机，地球仪等。

三、教学目标

1. 知识与技能

了解什么是卫星导航，通过互动游戏明白卫星导航的原理；知道北斗导航的优点。

2. 过程与方法

用导航卫星现实图片引发想象冲突和初步感知；调动学习的积极性和注意力，强化认知、合作能力。

3. 情感、态度与价值观

通过学习中国北斗卫星导航系统等知识，激发民族自豪感，培养热爱科学、努力学习、勇于创新的精神。

四、学情分析

教学对象：三至六年级学生。

认知特点：这个阶段的学生已经会描述自己所在方位、物体的位置和参照物等。但对于导航还缺少认知，大多数学生知道 GPS，对于我国北斗卫星导航系统知道名称，但是对于北斗卫星导航的优点并不清楚。

五、教学过程

第一阶段：话题导入

由全球导航卫星系统（GNSS）的四位高级会员介绍（美国的 GPS、俄罗斯的格洛纳斯、欧盟的伽利略和中国的北斗卫星导航系统）引入话题。

第二阶段：北斗卫星导航系统介绍

介绍“北斗”的名字来源、“北斗”标志诠释、北斗卫星导航系统开始的时间及现在所处的阶段，简单介绍北斗卫星导航系统的运行原理。

万物都要定位，一切皆需导航，“北斗”智慧产业的应用涉及方方面面。牛羊遍地跑，“北斗”当头照。北斗系统在大型车辆监控、居家养老定位、海洋渔业等中应用广泛。海洋渔业应用中，北斗系统不仅提供了位置、导航和授时这样的功能，而且还提供通信功能，渔民在海上能够用北斗系统发短信、报平安。

思考我们为什么要建造自己的导航系统、GPS 是否真的免费。

六、授课照片

七、评估与反思

本活动是随着北斗卫星导航系统的建成而开展的系列活动。活动时，学生热情高涨，尤其是男同学对导航系统很着迷。但是也有学生不太明白，还有人只知道 GPS，不知道“北斗”。通过参与活动，学生和家长对活动内容、形式都很喜欢，也提了建议，为后续系列活动开展做了铺垫。

乘风破浪的“北斗”

（张哲侨　刘斌）

一、教学内容

从山西省科学技术馆天文观测台、宇宙与生命展厅、走向未来展厅和数学展厅的相关展项开始，带着观众一起探寻北斗导航的故事。

二、教具

多媒体电视，摄像机，白板等。

三、教学目标

1. 知识与技能

了解什么是卫星导航；通过天文观测台和《卫星家族揭秘》等相关展项了解卫星导航的原理。

2. 过程与方法

从山西省科学技术馆公众号的留言中，找到大家最想知道的几个问题，拉近观众距离，引发初步感知；调动学习的积极性和注意力，强化认知、合作能力。

3. 情感、态度与价值观

通过学习中国北斗卫星导航系统等知识，激发民族自豪感，培养热爱科学、努力学习、勇于创新的精神。

四、学情分析

教学对象：所有观众。

认知特点：随着北斗三号的组网成功，大家对北斗导航的关注热度也很高，但对北斗导航的具体内容还不太了解。

五、教学过程

第一阶段：话题导入

从山西省科学技术馆公众号的留言中，找到大家最想知道的几个问题，去展厅、天文观测台寻找答案。

第二阶段：了解北斗星

在天文观测台探寻答案。"深邃夜空，斗转星移。北斗星，自古为中华民族定方向、辨四季、定时辰。"真的是"昔有指南之针，今有北斗导航"。

第三阶段：了解北斗导航

道生一，一生二，三生万物。北斗导航和"三"有好多联系，比如说北斗系统建设"三步走"战略、北斗系统的"三个组成部分"、北斗导航的"三球交会"原理，还有什么呢？去未来展厅看看吧。

解释北斗星座的三种轨道（中远地球轨道（MEO）卫星、地球静止轨道（GEO）卫星和倾斜地球同步轨道（IGSO）卫星）。

去数学展厅看看，联系直角坐标系相关展项，用数学知识来解释北斗导航工作原理。

六、授课照片

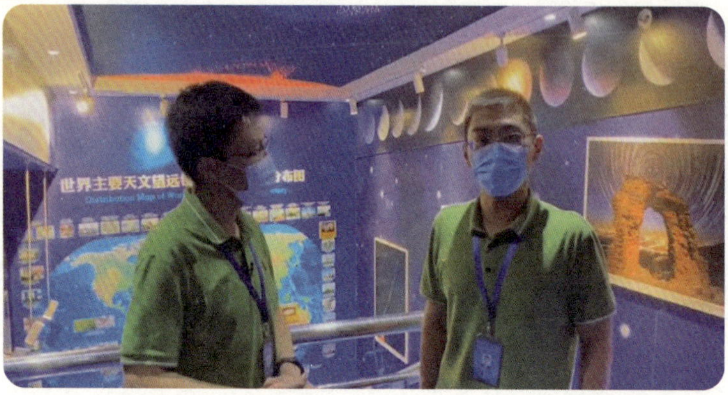

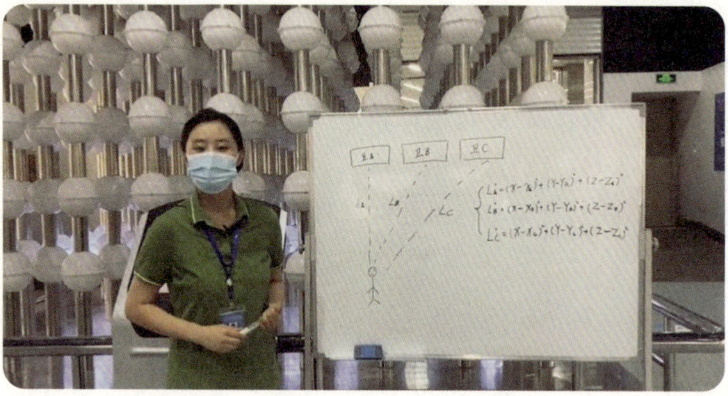

七、评估与反思

本课程是《逐梦“北斗”遨苍穹》展项的延伸拓展。随着北斗三号实现全球组网，在疫情期间为了让观众能更直接地了解北斗导航，我们结合科技热点，拍摄视频进行线上、线下播出。在山西省科学技术馆公众号后台得到很多反馈和观众的参与，达到了预期效果。希望更多人来到展厅现场，更好地参与其中。

109

桥梁的“风振”

（张哲侨）

一、教学内容

2020年5月5日，连接珠江两岸的广东虎门大桥出现异常抖动，且抖动幅度较大，呈波浪式上下晃动。大桥肉眼可见的晃动实属罕见，惊心动魄之余，其背后的原因以及对大桥安全性的影响成为了大家最关注的话题。本课程为您揭开桥梁的“风振”之谜。

二、教具

多媒体视频等。

三、教学目标

1. 知识与技能

了解涡振和颤振的特点，通过视频中的案例加深对涡振和颤振的理解。

2. 过程与方法

通过视频解说、动画演示回顾大桥晃动的原因，在视频演示过程中分析涡振和颤振的原因。

3. 情感、态度与价值观

培养基于实证，大胆质疑的能力。

四、学情分析

教学对象：初中生。

认知特点：学生在初中物理教科书中，对震动、共振的知识有了充分理解。但是对涡振和颤振的原理和不同点等知识了解不多，通过虎门大桥事件将共振、涡振和颤振等知识进行统一梳理。

五、教学过程

第一阶段：话题导入

热点事件回顾，再次引发观众思考。观看虎门大桥晃动的视频，思考大桥为什么晃动。

第二阶段：原理探究

解密大桥晃动的原因。列举多种大桥，找到风振原因，解释颤振（美国塔科马海峡大桥）、涡振的不同之处（东京湾通道桥），找到虎门大桥晃动的原因——水马。

介绍卡门涡街效应及其应用。

六、授课照片

七、评估与反思

从热点事件引入，通过形象生动的方式进行科普。线上视频观看量达到 900 余次。在原理探究方面可以再增加些科学实验的辅助，这样能更好地便于观众理解。

“我”到月球背面

（张哲侨　刘统达）

一、教学内容

通过互动游戏，让学生了解月球正面和背面的关系，了解嫦娥工程的基本情况。

二、教具

电视，音响，话筒，插板，激光笔，5号电池和7号电池，平面镜等。

三、教学目标

1. 知识与技能

了解月球公转和自转的特点，通过互动游戏明白嫦娥四号探月背后的原理。

2. 过程与方法

创设轻松开放的探究情境，调动学习的积极性和注意力，强化认知、合作能力。

3. 情感、态度与价值观

乐于观察、实验、总结科学现象；实事求是，敢于表达修正观点；不盲从教条，能基于证据大胆质疑，善于合作分享。

四、学情分析

教学对象:四年级学生。

认知特点:这个阶段的学生已经直观地认识了月亮的不同形状,初步了解月亮是如何移动的,也学习了月相的变化。但对人类探索月球的过程不是很清楚,对探月工程背后的知识了解不够。

五、教学过程

第一阶段:话题导入

通过互动游戏向大家介绍为什么我们总能看到月球正面、月球正面和背面的关系、在月球背面登陆的最大难点以及需要做的准备。

第二阶段:介绍嫦娥工程

介绍嫦娥工程的"绕、落、回"工程以及简要介绍嫦娥一号至四号的发射情况。

从四个方面介绍嫦娥四号登月开展的科学探测奥秘(为什么选择探测月球背后,插入"中继卫星游戏";月球背后探测有什么意义;嫦娥四号的能量怎么来;玉兔二号为什么要"午休")。

讨论一些关于月球的谣言:外星人在月球背面有秘密工厂?月球上有金字塔?月球上有巨石阵?美军轰炸机被外星人劫持到了月球背面?

介绍探月工程未来计划以及嫦娥六号、七号未来计划和发展。

六、授课照片

七、评估与反思

本课程在山西省科学技术馆实施近 60 场，在全国科技馆联合行动中也进行了展演。学生对于嫦娥四号、月球背面等话题特别感兴趣，但对于相关的知识有些缺乏。本课程通过游戏、探究，让学生参与其中。

我的基因谁做主

（张哲侨　刘书伟）

一、教学内容

通过热点新闻“首例基因编辑婴儿在中国诞生”引入，让观众思考基因编辑带给人类的利与弊以及一系列社会伦理问题。通过认识基因编辑背后的科学原理，进行讨论，更为全面地认识基因编辑技术在现代社会的作用。

二、教具

电视，音响，话筒等。

三、教学目标

1. 知识与技能

认识什么是基因，基因的作用是什么；了解体细胞与生殖细胞的区别；了解基因编辑的优点与缺点分别有哪些。

2. 过程与方法

探究基因在哪里以及它的具体作用；了解基因编辑在现实中的操作方法；探讨基因编辑的优点与缺点以及带来的一系列社会伦理问题。

3. 情感、态度与价值观

启发对生命伦理和现代医学发展辩证的关系及对生命意义深层次的思考。

四、学情分析

教学对象：普通观众。

认知特点：普通观众对于基本的生物学知识有一定的认知基础。可以从常见生物学知识进行回顾，并且说出自己知道的基因与生物体的关系。可以自由讨论启发思考。但是，大众对于基因编辑的科学原理尚不明确。

五、教学过程

第一阶段：话题导入

通过观看热点新闻，让观众发表自己的看法，从而引入基因编辑的话题。

第二阶段：基因探究

探究基因在哪里以及它的具体作用；了解基因编辑在现实中的操作方法；探讨基因编辑的优点与缺点以及带来的一系列社会伦理问题。

六、授课照片

七、评估与反思

通过在展厅开展活动的方式，让观众在热点新闻的舆论环境下，对基因编辑婴儿有较为全面的认识和了解。现场观众的互动热情很高。

“新箭”送“新船”

（张哲侨）

一、教学内容

“胖五”火箭的兄弟长征五号 B 运载火箭在文昌航天发射场成功发射，实现多个“首次”。通过介绍新火箭是如何把新飞船送上太空的，让学生了解火箭、飞船等知识。

二、教具

多媒体视频等。

三、教学目标

1. 知识与技能

了解什么是长征五号 B 火箭、新一代载人飞船；明白火箭发射的原理。

2. 过程与方法

用新的方式讲述火箭和飞船的热点信息，调动学习的积极性和注意力，强化认知、合作能力。

3. 情感、态度与价值观

通过学习火箭、飞船等知识，激发民族自豪感，培养热爱科学、努力学习、勇于创新的精神。

四、学情分析

教学对象：所有观众。

认知特点："新箭"送"新船"是很新鲜的提法。"胖五"火箭是什么呢？为什么要在文昌卫星基地发射？新一代载人飞船到底有什么优点？大家对这些问题很关注，但又不是很了解。

五、教学过程

第一阶段：话题导入

长征五号 B 运载火箭在文昌航天发射场点火升空，上演了华丽首秀，成功首飞。

第二阶段："新箭"送"新船"介绍

长征五号 B 运载火箭由中国航天科技集团有限公司一院抓总研制，全长约 53.7 米，相当于 18 层楼高，起飞质量约 849 吨，近地轨道运载能力达到 25 吨级，可满足约 22 吨的空间站舱段发射需求。

新一代载人飞船就是全面升级的天地往返交通工具，面向我国近地空间站运营、载人深空探测等任务需求，飞船采用返回舱与服务舱两舱构型，未来在执行近地轨道任务时，可以一次运送 6～7 名航天员。

新一代载人飞船试验船飞行任务的圆满成功，标志着中国新一代载人飞船已具备雏形。中国载人天地往返运输技术全面实现由跟跑到并跑的跨越，让中国人探索太空的脚步迈得更稳更远。

六、授课照片

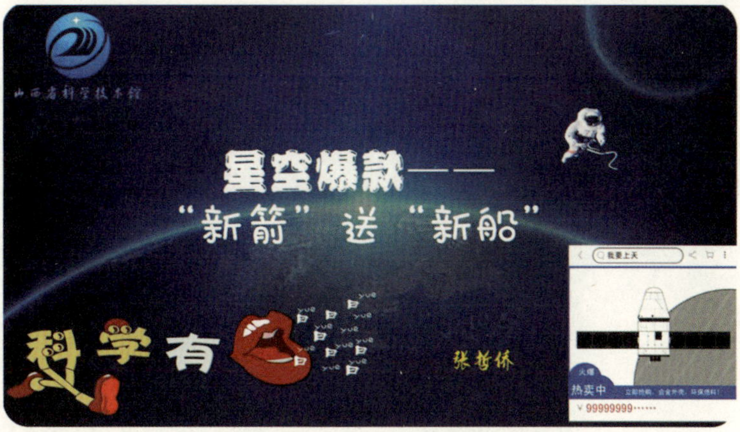

七、评估与反思

本活动形象生动地展示了新火箭如何把新飞船送上太空的高科技。线上视频播放量近千次，深入浅出地对航空航天高科技做了介绍，得到很多观众认可。

科技馆里学科学

科学课程

选题编辑／周　全　杜军和　马　瑞
责任编辑／马　瑞
封面设计／刘俊霞

中国科大出版社
公众号

定价：188.00元
（全二册）

ISBN 978-7-312-05528-7